ULTIMATNA EGIPČANSKA ULIČNA HRANA 2024

Raziskovanje bogate tapiserije egipčanskih okusov skozi 100 slastnih receptov

Kristina Zorko

Avtorski material ©2024

Vse pravice pridržane

Nobenega dela te knjige ni dovoljeno uporabljati ali prenašati v kakršni koli obliki ali na kakršen koli način brez ustreznega pisnega soglasja založnika in lastnika avtorskih pravic, razen kratkih citatov, uporabljenih v recenziji. Ta knjiga se ne sme obravnavati kot nadomestilo za zdravniški, pravni ali drug strokovni nasvet.

KAZALO

KAZALO 3
UVOD 6
ZAJTRK 7
   1. KREMNA ŽITA IZ PŠENIČNIH JAGOD [BILEELA] 8
   2. JAJCA S PARADIŽNIKI IN FETA SIROM [BEID BIL GEBNA WA TOMATUM] 10
   3. JOGURT Z MEDOM [ZABADI BIL 'ASAL] 12
   4. SLADKE PALAČINKE Z OREHI [ATAYEF] 14
   5. OBARVANA JAJCA [BAID MIL'ON] 17
   6. BALILA [ČIČERIKINA SKLEDA ZA ZAJTRK] 19
KRUH 21
   7. TRADICIONALNI KRUH QURBAN [AISH QURBAN] 22
   8. BELI PITA KRUH [AISH SHAMMI] 24
   9. BEDUINSKI KRUH [AISH BEDAWI] 26
   10. EGIPTOVSKI POLNOZRNATI PITA KRUH [AISH BALADI] 28
   11. NUBIJSKI KRUH [AISH NUBI / MALTOUD] 30
   12. EISH BALADI [EGIPTOVSKI SOMUN] 32
ZAGODNIKI 34
   13. KRUHOVI TRIKOTNIKI, POLNJENI Z GOVEDINO [SAMBUSAK BIL LAHMA] 35
   14. TAAMEYA [EGIPTOVSKI FALAFEL] 37
   15. HAWAWSHI [EGIPČANSKA PITA, POLNJENA Z MESOM] 39
   16. SLADKI OCVRTI S SIRUPOM [LOMUT AL ADI] 41
   17. EGIPTOVSKI FAVA FALAFEL [T'AMAYA] 44
   18. KROKETI IZ RDEČE LEČE [KOFTAT ADS AHMAR] 47
   19. MESNE IN BULGUR PŠENIČNE PRSTI [KIBBEEBA] 49
   20. SLADKI OCVRTKI Z LIMONINIM SIRUPOM [BALAHE SHAM] 52
   21. KROŽNIK Z MEŠANIMI OREHI [TABAA M'KASSARAT] 55
   22. PIRE IZ FAVA FIŽOLA [FUUL MEDAMMES] 57
   23. PHYLLO TRIKOTNIKI, POLNJENI Z JAGNJETINO [SAMBUSAK BIL LAHMA DANI] ... 59
   24. SLANO FILO PECIVO Z MESOM [GOULASH BI LAHMA] 61
   25. PIRE IZ JAJČEVCA [BABA GHANOUG] 63
   26. MACERIRANI DATLJI Z MARELICAMI IN ROZINAMI [KHOSHAF] 65
   27. VOLČJI FIŽOL [TERMIS] 67
   28. PHYLLO TRIKOTNIKI S SIROM [SAMBOUSIK BI GEBNA] 69
   29. RAZLIČNI KROŽNIK SVEŽEGA SADJA [TABAA FAKHA TAZIG] 71
   30. SENDVIČI S PIŠČANČJIM PITA KRUHOM [SHWARMA BIL FIRAKH] 73
   31. PEČENA RIBA Z ZELIŠČI IN PARADIŽNIKI [SAMAK FEE AL FORN BI TOMATUM] ... 75
GLAVNA JED 77
   32. PURAN, POLNJEN Z RIŽEM IN MESOM [DEEQ RUMI MESHI MA ROZ WA LAHMA] ... 78
   33. PEČENA JAGNJEČJA STEGNA S KROMPIRJEM [FAKHDA MASHWIYA BIL BATATAS] ... 81
   34. FUL MEDAMES [FAVA FIŽOLOVA ENOLONČNICA] 83
   35. KOSHARI [EGIPČANSKA JED IZ LEČE IN RIŽA] 85

36. Enolončnica s teletino, rižem in popečenim kruhom [Fattah bil Bitello] 87
37. Sveže sardele na žaru [Sardine Ma'li] 89
38. Makaroni z mesom in bešamelom [Macarona Bechamel] 91
39. Matzo pita s piščancem in špinačo z egiptovsko pekočo omako [Mayeena] 94
40. Pečene sardele z rukolo [Sardeen Fee al Forn bi Gargheer] 97
41. Telečji in krompirjev tagin [Tagin Bitello wa Batatas] 99
42. Jagnječje krače z začimbami [Kawara Lahma Dani] 101
43. Leča, riž in testenine s pikantno paradižnikovo omako [Koushari] 103
44. Čerkeški piščanec [Shirkaseya] 106
45. Egiptovski riž z mešano zelenjavo [Roz bil Khodar] 108
46. Beduinska jagnječja enolončnica [Tagin Lahma Dani] 110
47. Pečen mariniran piščanec [Firakh Mashwi Fee al Forn] 112
48. Ocvrt nilski ostriž [Samak Bulti Ma'li] 114

STRANSKA JED 116
49. Artičoke z omako iz kopra [Kharshuf bi Shabbat] 117
50. Polnjeni listi vinske trte [Wara' El Aghnib] 119
51. Egiptovski riž [Roz] 122
52. Ocvrti jajčevci s česnovim prelivom [Bittingan Ma'li bil Toum] 124
53. Dušena bamija in paradižnik [Bamya Matbukh] 126

SOLATE 128
54. Citrusna solata iz zelenega fižola [Fasoulea bi Limoon] 129
55. Solata iz čičerike, paradižnika in tahinija [Salata Hommus bil Tomatum wa Tahina] 131
56. Pastirska solata [Salata bil Gebnit al Ma'iz] 133
57. Solata z rukolo [Salata bil Gargeer] 135
58. Solata iz jajčevcev z melaso iz granatnega jabolka [Salata Ruman bil Dabs Ruman] 137
59. Solata z grozdjem in ocvrtimi feta kroglicami [Salata bil Aghnib wa Gebna Makleyah] 139
60. Solata iz mešanice zelišč in mlade čebule [Salata Khadra bil Bassal] 141

JUHA 143
61. Juha iz pire bučk [Shorbat Koosa] 144
62. Židovska slezova juha [Shorbat Maloukhiya] 146
63. Čičerikina juha z Zataar krutoni [Shurba bil Hommus] 148
64. Jagnječja juha in orzo juha [Shorba bi Lissan al Asfoor] 150
65. Vermicelli, meso in paradižnikova juha [Shorbat bil Sharleya, Lahma, wa Tomatum] 152

SLADICA 154
66. Piškotki Date Dome [Ma'moul] 155
67. Datum Haroset [Agwa] 158
68. Egiptovski funt kolač [Torta] 160
69. Tradicionalni bajramski piškoti [Kahk a L'Eid] 162
70. Piškoti z asuanskim datljem [Biskoweet bil Agwa min Aswan] 164

71. Bajramski piškoti z medom [Kahk bil Agameya] 167
72. Faraonova foie gras [Kibdet Firakh] 170
73. Piškoti z zdrobom s češnjami [Biskoweet bil Smeed wa Kareez] 172
74. Kremni pomarančni puding [Mahallabayat Bortu'an] 174
75. Zdrobova torta z medenim sirupom [Basboosa] 176
76. Marelični puding [Mahallibayat Amr al Din] 179
77. Roz Bel Laban [rižev puding] 181

ZAČIMBE 183

78. Meshaltet [prečiščeno maslo in namaz iz medu] 184
79. Duka (mešanica egiptovskih oreščkov in začimb) 186
80. Tahini omaka [omaka iz paste iz sezamovih semen] 188
81. Shatta [egipčanska vroča omaka] 190
82. Bessara [Fava Bean Dip] 192
83. Česnova omaka [Toum] 194
84. Amba [omaka iz vloženega manga] 196
85. Sumac začimbna mešanica 198
86. Molokhia omaka 200
87. Mešanica začimb Za'atar 202
88. Besara [omaka iz zelišč in fižola] 204
89. Tarator [omaka s sezamom in česnom] 206
90. Sezamova melasa [dibs in tahini] 208

PIJAČE 210

91. Črni čaj z meto [Shai bil Na'na] 211
92. Tamarind sok [Assir Tamr Hindi] 213
93. Čaj iz kumine [Carawaya] 215
94. Beduinski čaj [Shai Bedawi] 217
95. Egiptovska limonada [Assir Limoon] 219
96. Guava in kokosov koktajl [koktajl bil Gooafa, Manga, wa Jowz al Hind] 221
97. Domači marelični sok [Assir Amr Din] 223
98. Vroči cimetov napitek [Irfa] 225
99. Napitek iz sladkega korena [Irsus] 227
100. Hibiskus punč [karkade] 229

ZAKLJUČEK 231

UVOD

Podajte se na kulinarično raziskovanje živahnih ulic Egipta z "ULTIMATNA EGIPČANSKA ULIČNA HRANA 2024", zbirko, ki vas vabi, da okusite bogato tapiserijo okusov, ki opredeljujejo sceno ulične hrane v tej živahni državi. Ta kuharska knjiga je praznovanje raznolike in okusne palete jedi, ki jih najdemo na živahnih trgih in prometnih ulicah Egipta. S 100 natančno izbranimi recepti se nam pridružite na potovanju skozi začimbe, arome in okuse, zaradi katerih je egiptovska ulična hrana kulinarični zaklad.

Predstavljajte si živahne tržnice, napolnjene z vonjem po mesu na žaru, ritmične zvoke prodajalcev, ki kličejo svojo ponudbo, in pisane razstave začimb in zelišč. "ULTIMATNA EGIPČANSKA ULIČNA HRANA 2024" ni samo kuharska knjiga; to je povabilo k raziskovanju pristnosti in duše egipčanske ulične kuhinje. Ne glede na to, ali hrepenite po toplini kosharija, cvrčenju ta'ameye ali sladkosti basbuse, so ti recepti oblikovani tako, da vas popeljejo v osrčje kulinaričnega uličnega življenja Egipta.

Od ikonične klasike do skritih draguljev, vsak recept je praznovanje raznolikosti in inovativnosti egipčanske ulične hrane. Ne glede na to, ali ste izkušen kuhar, ki želi poustvariti ulično izkušnjo, ali pustolovski domači kuhar, željen raziskovanja novih okusov, so ti recepti zasnovani tako, da v vašo kuhinjo prinesejo živahen duh egipčanske ulične hrane.

Pridružite se nam, ko se poglobimo v bogato tapiserijo egipčanskih okusov, kjer vsaka jed pripoveduje zgodbo o tradiciji, skupnosti in veselju skupnih obrokov. Torej, zberite svoje začimbe, objemite arome in se podajte na okusno potovanje skozi " ULTIMATNA EGIPČANSKA ULIČNA HRANA 2024."

ZAJTRK

1.Kremna žita iz pšeničnih jagod [Bileela]

SESTAVINE:
- 1 skodelica opranih polnozrnatih jagod
- ⅓ skodelice sladkorja ali medu ali po okusu
- ½ skodelice toplega mleka
- Pest rozin, po želji

NAVODILA:
a) Večer prej dajte polnozrnate jagode v veliko termo posodo in jih prelijte z vrelo vodo. Naslednje jutro bo pšenica napihnjena in mehka.
b) Po želji v pšenico vmešamo sladkor ali med in porazdelimo v 4 sklede za kosmiče.
c) Prelijte s toplim mlekom in rozinami, če jih uporabljate.

2. Jajca s paradižniki in feta sirom [Beid bil Gebna wa Tomatum]

SESTAVINE:
- 1 čajna žlička stisnjenega koruznega ali olivnega olja
- 4 [¼-palčne] rezine feta sira
- 4 jajca
- 1 zrel paradižnik, narezan na kocke
- Sol po okusu
- Sveže mleti črni poper po okusu

NAVODILA:

a) V veliki ponvi na zmernem ognju segrejte olivno olje. V ponev položite rezine fete nekaj centimetrov narazen in pustite, da se kuhajo 2 minuti.

b) Na vsako rezino fete razbijte jajce in po okusu začinite s soljo in poprom. Na vsako jajce potresemo koščke paradižnika in kuhamo približno 10 minut, dokler se jajce ne strdi in sir ni mehak. Postrežemo toplo.

3.Jogurt z medom [Zabadi bil 'Asal]

SESTAVINE:
- 4 skodelice kakovostnega polnomastnega navadnega grškega jogurta
- 4 čajne žličke kakovostnega medu

NAVODILA:
a) Jogurt razdelite na štiri rezine.
b) Vsako prelijte z 1 čajno žličko medu in postrezite.

4.Sladke palačinke z orehi [Atayef]

SESTAVINE:
TESTO ZA PALAČINKE:
- 1½ čajne žličke aktivnega suhega kvasa
- 1½ čajne žličke sladkorja
- 2 skodelici nebeljene, večnamenske moke
- ⅛ čajne žličke soli

SIRUP:
- 1 skodelica sladkorja
- Sok ½ limone
- 3 trakovi limonine lupine
- ½ čajne žličke vode pomarančnih cvetov
- ½ čajne žličke rožne vode

POLNJENJE:
- ¼ skodelice blanširanih mandljev, mletih
- ¼ skodelice orehov, mletega olja Canola, za cvrtje

NAVODILA:
a) Za pripravo testa: Kvas zmešajte s sladkorjem in ¼ skodelice tople vode. Mešajte, dokler se ne raztopi. V veliko skledo za mešanje presejte moko in sol. Na sredini naredite jamico. Vlijemo mešanico kvasa in 1¼ skodelice tople vode. Mešajte mešanico, dokler ne nastane gladka masa. Skledo pokrijte s plastično folijo in kuhinjskimi brisačami ter postavite na toplo mesto brez prepiha. Pustimo vzhajati 1 uro. Testo je pripravljeno, ko nastane mehurček.

b) Medtem pripravite sirup: v srednje veliki ponvi zmešajte ¾ skodelice vode s sladkorjem, limoninim sokom in limonino lupino. Mešajte in kuhajte na srednje močnem ognju, pogosto mešajte, dokler se sladkor ne raztopi. Mešanico zavrite, nehajte mešati in znižajte temperaturo na srednje nizko. Dušimo 10 minut. Odstranite z ognja in odstavite, da se ohladi. Ko se sirup ohladi, odstranite in zavrzite limonino lupino. Vmešajte vodo pomarančnih cvetov in rožno vodo.

c) Ko je testo pripravljeno, v veliki ponvi segrejte 2 žlici repičnega olja. Z dozirnikom za testo ali z jedilno žlico previdno vlijte 1 žlico testa v olje in razmažite, da oblikujete 4-palčno okroglo palačinko. Nadaljujte z nekaj preostalega testa, ne stiskajte pekača.

d) Ko so vrhovi palačink polni lukenj, jih odstranite z lopatko in položite na pladenj, obložen s papirnato brisačo, s pečeno stranjo navzdol. Ko porabite vso maso, začnite polniti palačinke.
e) Mlete mandlje in orehe zmešamo skupaj. Držite palačinko v dlani leve roke in jo na nepečeni strani palačinke napolnite z 1 čajno žličko mešanice oreščkov. Palačinko prepognemo na pol in nežno stisnemo konico robov, da se zalepi v obliki polmeseca. [Pazite, da ob robu ne naredite debelega roba kot pri raviolih, sicer se bo atayef neenakomerno ocvrl.] Napolnjene palačinke položite na krožnik in nadaljujte s polnjenjem in tesnjenjem preostalih palačink.
f) V veliki ponvi segrejte 2 cm olja. Ko se olje segreje, napolnjene palačinke cvremo 2 minuti na vsako stran oziroma do zlato rjave barve. Odstranite palačinke in jih položite na krožnik, obložen s papirnatimi brisačkami. Še tople palačinke preložimo na servirni krožnik in jih po vrhu prelijemo s sirupom.
g) Pustite, da se dovolj ohladi, da ga lahko obvladate in postrezite toplo.

5. Obarvana jajca [Baid Mil'on]

SESTAVINE:
- 6 belih jajc
- Lupina 2 rumenih čebul
- Lupina 3 rdečih čebul

NAVODILA:
a) V manjši lonec damo 3 jajca, prelijemo z vodo in dodamo rumeno čebulno lupino.
b) Preostala 3 jajca damo v ločen lonec, prelijemo z vodo in dodamo olupke rdeče čebule. Oba lonca zavremo na močnem ognju, zmanjšamo ogenj na nizko in pustimo vreti brez pokrova 20 minut.
c) Jajca pustimo stati v vodi 1 uro; odcedimo, pustimo, da se ohladi in postrežemo ali ohladimo.

6. Balila [čičerikina skleda za zajtrk]

SESTAVINE:
- 2 pločevinki [po 15 oz] čičerike, odcejeni in oplaknjeni
- 2 stroka česna, nasekljana
- 1/4 skodelice olivnega olja
- 1 čajna žlička mlete kumine
- Sol in poper po okusu
- Sesekljan svež peteršilj za okras
- Limonine rezine za serviranje

NAVODILA:
a) V ponvi na olivnem olju prepražimo sesekljan česen, da zadiši.
b) Dodamo čičeriko, kumino, sol in poper. Kuhajte, dokler se ne segreje.
c) Okrasite s sesekljanim peteršiljem in postrezite z rezinami limone.

KRUH

7. Tradicionalni kruh Qurban [Aish Qurban]

SESTAVINE:
- 2¼ čajne žličke aktivnega suhega kvasa
- 1 čajna žlička sladkorja
- Ščepec soli
- 3 skodelice moke za kruh
- 1 žlica ekstra deviškega oljčnega olja

NAVODILA:
a) 2 pekača obložite s pergamentnim papirjem. Kvas in sladkor razredčimo v ½ skodelice mlačne vode. Sol in moko presejemo skupaj in v sredini naredimo jamico. Dodamo kvas in še ½ skodelice vode [ali toliko, da dobimo homogeno testo].
b) Testo razdelite na 4 enake dele in oblikujte 4 [4½-palčne] okrogle ploščate hlebčke. Na vsak pekač položite 2 štruci in ju pustite nekaj centimetrov narazen, da omogočite prostor za vzhajanje. Hlebčke pokrijemo s kuhinjsko krpo in pustimo vzhajati na toplem brez prepiha 1 uro.
c) Pečico segrejte na 400 stopinj F. Ko je kruh vzhajan, z ostrim nožem na vrhu naredite želeno obliko in vrhove namažite z oljčnim oljem. Pečemo 20 minut oziroma do svetlo zlate barve. Pustite, da se nekoliko ohladi, vendar postrezite toplo.

8. Beli pita kruh [Aish Shammi]

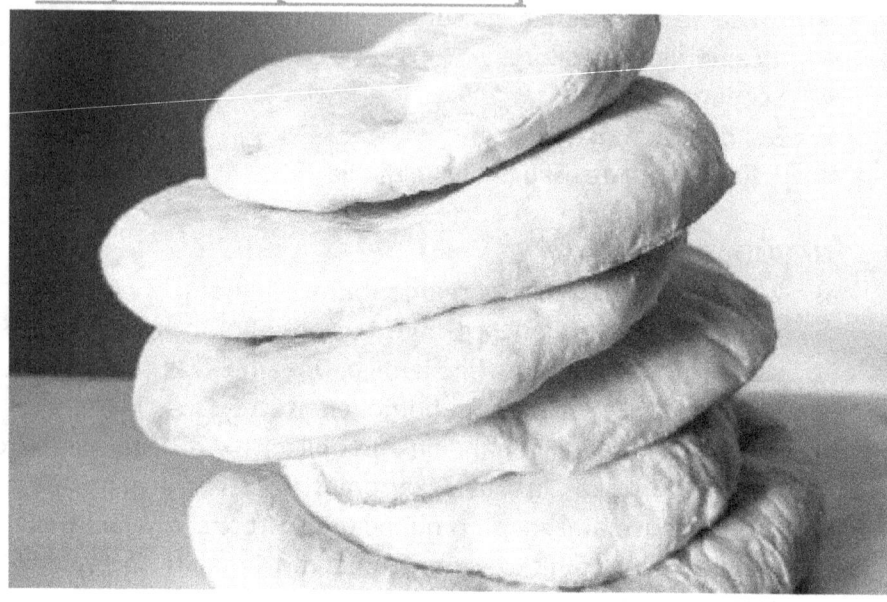

SESTAVINE:
- 2 žlici aktivnega suhega kvasa
- 1 žlica soli
- 7 skodelic nebeljene, večnamenske moke
- 2 žlici ekstra deviškega oljčnega olja

NAVODILA:
a) V veliko skledo nalijte 2¼ skodelice tople vode. Dodamo kvas in mešamo, dokler se ne raztopi. Dodamo sol in nato postopoma dodajamo moko, da oblikujemo testo. Zvrnemo na rahlo pomokano delovno površino in gnetemo 10 minut, dokler ni gladko in elastično, ali pa ga damo v skledo električnega mešalnika, opremljenega s kavljem, in gnetemo pri srednji hitrosti 2 minuti. V veliko skledo nalijte olje in v skledo položite testo ter ga obrnite na plašč. Pokrijte s kuhinjsko brisačo in pustite vzhajati, dokler se masa ne podvoji, približno 1½ do 2 uri.
b) Ko je testo vzhajano, ga nežno preluknjajte. Testo razdelite na 13 enakih delov in oblikujte kroglice. Položimo na rahlo pomokano površino in pokrijemo s suho kuhinjsko krpo. Pustimo počivati 15 minut.
c) Pečico segrejte na 475 stopinj F. V najniži del pečice postavite pekač ali pekač. Vsako kroglico testa razvaljajte v 6-palčni krog.
d) Na segret pekač položimo 3 kroge in pečemo približno 12 minut, da se napihnejo in začnejo barvati.
e) V prvih 4 minutah pečenja ne odpirajte pečice. Odstranite s kovinsko lopatko ali lupino za pico in položite v košarico za kruh ali na servirni krožnik. Ponovite s preostalimi krogi testa, dokler niso vsi pečeni.
f) Dodatne pita kruhke položite v plastične vrečke, tesno zaprite in zamrznite, dokler jih ne potrebujete.
g) Odtajajte pri sobni temperaturi in ponovno segrejte pod brojlerjem.

9. Beduinski kruh [Aish Bedawi]

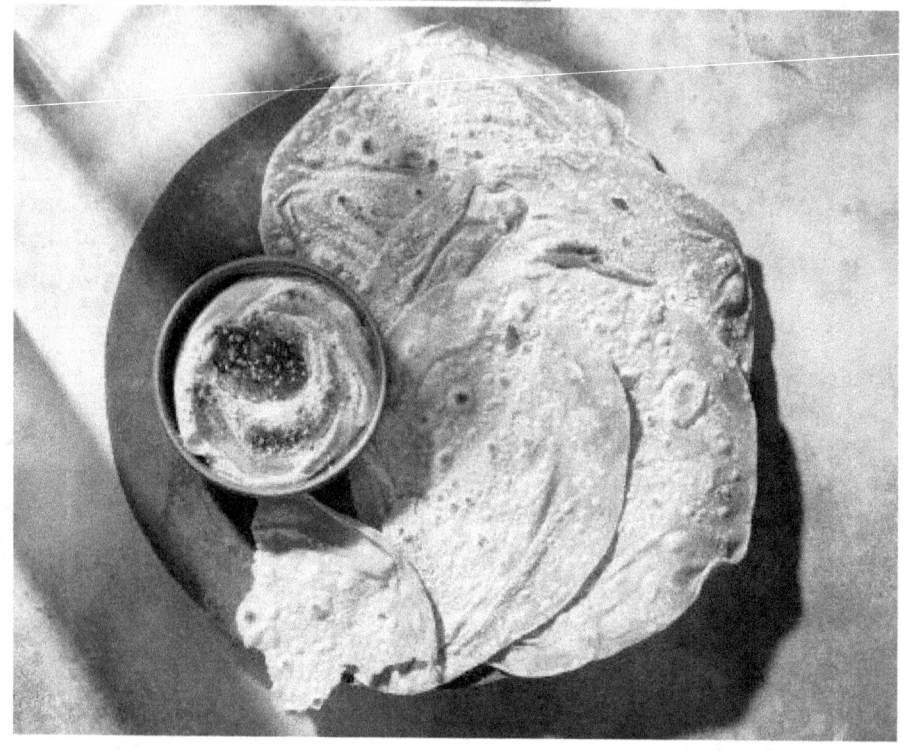

SESTAVINE:
- 1 skodelica polnozrnate moke za pecivo
- 1 skodelica nebeljene, večnamenske moke, plus dodatek za popraševanje delovne površine
- Ščepec soli
- 5 žlic ekstra deviškega oljčnega olja ali drugega olja za kuhanje

NAVODILA:

a) V veliko skledo za mešanje stresite polnozrnato moko za pecivo in večnamensko moko. Vmešajte sol. Počasi vmešajte 1 skodelico mlačne vode ali toliko, da dobite testo. Testo prevrnemo na rahlo pomokano površino in gnetemo 5 minut, dokler ni gladko in elastično. Pustimo počivati 10 minut.

b) Testo razdelimo na 5 enakih delov. Na rahlo pomokani delovni površini z rahlo pomokanim valjarjem razvaljajte vsak kos testa, dokler ni

c) velikosti jedilnega krožnika. Vsakega vrzite v zrak kot skorjo za pico in postavite na rahlo pomokano površino, dokler ni pripravljen za cvrtje.

d) V ponvi, ki je dovolj velika, da vanjo položimo kruh, na zmernem ognju segrejemo žlico olivnega olja. Dodajte enega od testenih krogov in pražite 4 do 5 minut, dokler vrh kruha ne postane mehurček in spodaj rahlo zlate barve. Previdno obrnite in nadaljujte s kuhanjem še 4 do 5 minut. Prenesite na krožnik. Segrejte še eno žlico olivnega olja in nadaljujte s praženjem kruhkov, pri čemer dodajte žlico olja med pečenjem vsakega kruha, dokler ni konec. Postrežemo toplo. Morebitne ostanke zavijte v plastično folijo in zamrznite.

10. Egiptovski polnozrnati pita kruh [Aish Baladi]

SESTAVINE:
- 1 skodelica nepredelanih otrobov
- ¾ skodelice nebeljene večnamenske moke
- ¾ skodelice polnozrnate moke za pecivo
- 2 žlički aktivnega suhega kvasa
- ½ čajne žličke oljčnega olja, plus dodatek za naoljenje sklede
- ¾ skodelice mlačne vode
- ½ čajne žličke morske soli ali košer soli

NAVODILA:
a) Pečico segrejte na 350 stopinj F. Otrobe položite na pekač za piškote in jih med prsti razdrobite, da postanejo bolj drobni. Pečemo 5 do 10 minut ali dokler zrnca otrobov niso popečena. Odstranite iz pečice in postavite na stran.
b) Zmešajte večnamensko moko, polnozrnato moko za pecivo, ½ skodelice praženih otrobov, kvas, olivno olje, vodo in sol v veliki skledi ali tisti, ki je pritrjena na stoječi mešalnik. Ko so sestavine vmešane, mesite testo 20 minut ročno ali 3 minute s stoječim mešalnikom s kavljem za testo na srednji hitrosti. Testo položite v naoljeno skledo in pustite počivati 45 minut nepokrito.
c) Čisto delovno površino in dva velika pekača potresemo z dodatno ½ skodelice otrobov. Testo z rokami oblikujte v enakomerno poleno in ga razrežite na 5 enakih kosov. Vsak kos z rokami oblikujte v ploščat 6-palčni krog ali ga razvaljajte z valjarjem, da oblikujete 5 okroglih pita kruhkov. Na vsak pekač položite 2 ali 3 pite in pustite počivati 30 minut pred peko.
d) Brojlerja segrejte v pečici. Kruh položite pod brojlerje in pecite 2 do 3 minute na vsako stran, dokler se ne napihne in zlato porumeni. Postrežemo toplo.
e) Še topel kruh položite v plastično vrečko in jo zaprite, da se ne izsuši.

11. Nubijski kruh [Aish Nubi / Maltoud]

SESTAVINE:
- 2 čajni žlički stisnjenega koruznega olja
- 6 skodelic nebeljene moke za kruh ali katere koli druge vrste moke
- 2 žlički soli
- 1 žlica pecilnega praška
- 1 žlica aktivnega suhega kvasa

NAVODILA:
a) Pekač rahlo namastite z 1 čajno žličko koruznega olja. V veliki skledi zmešajte moko, sol in pecilni prašek. Kvas zmešajte s ⅔ skodelico mlačne vode in mešajte, dokler se ne raztopi. Vlijemo v mešanico moke in premešamo, da se združi. Vmešajte 1⅔ skodelice vode in zmešajte v čvrsto testo. [Raven vlažnosti v vašem domu bo vplivala na razmerje med moko in vodo. Če se vam zdi testo presuho, dodajte več vode, po malem; če se vam zdi testo preveč ohlapno, po malem dodajte več moke, dokler ne dobite čvrstega testa.]
b) Delovno površino rahlo potresite z moko in gnetite testo 10 minut ali dokler ni gladko in elastično. Veliko skledo naoljite s preostalo čajno žličko olja, vanjo položite testo in ga obrnite na plašč. Pokrijte z rahlo naoljeno prozorno plastično folijo, pokrovom ali kuhinjsko krpo in pustite vzhajati na toplem mestu brez prepiha 1 uro ali dokler se masa ne podvoji.
c) Ko testo vzhaja, ga zvrnemo na rahlo pomokano delovno površino in oblikujemo v 7-palčni krog. Z roko zgrabite vrh testa v sredini kroga, rahlo povlecite navzgor in zasukajte, da oblikujete 3-palčni gumb na vrhu sredine testa. Prestavimo na pekač in pokrijemo z obrnjeno skledo. Pustimo vzhajati še eno uro.
d) Pečico segrejte na 425 stopinj F in pecite kruh približno 35 do 40 minut ali dokler ne postane rahlo zlat in se ob udarjanju sliši votlo. Ohladite na rešetki.

12. Eish Baladi [Egiptovski somun]

SESTAVINE:
- 4 skodelice polnozrnate moke
- 1 čajna žlička soli
- 1 žlica olivnega olja
- 1 1/2 skodelice tople vode

NAVODILA:
a) V veliki skledi zmešamo moko in sol.
b) Dodamo olivno olje in postopoma dodajamo toplo vodo ter mešamo, dokler ne nastane gladko testo.
c) Testo razdelite na kroglice in vsako sploščite v okroglo obliko.
d) Kuhajte na vroči rešetki ali ponvi, dokler ne napihnejo in ne porjavijo.

ZAGODNIKI

13. Kruhovi trikotniki, polnjeni z govedino [Sambusak bil Lahma]

SESTAVINE:
- 3 skodelice nebeljene večnamenske moke, plus dodatek za posipanje
- 1 žlica aktivnega suhega kvasa
- 1 čajna žlička soli
- 4½ skodelice stisnjenega koruznega olja
- 1 funt mlete govedine
- 1 čebula, olupljena in narezana na kocke
- 1 čajna žlička mlete kumine

NAVODILA:
a) V veliko skledo dajte moko. Vmešamo kvas in sol. Dodajte ½ skodelice koruznega olja in ½ skodelice mlačne vode ter dobro premešajte, da se združi. Nadaljujte z mešanjem, dokler mešanica ne oblikuje testa. Če se vam zmes zdi preveč lepljiva, žlico za žlico dodajte še moko. Če se vam zmes zdi presuha, žlico za žlico dodajte še več vode. Ko je testo oblikovano, ga razdelite na 8 enakih delov. Postavite na rahlo pomokano delovno površino na toplo mesto brez prepiha. Pokrijemo s kuhinjskimi krpami in pustimo vzhajati eno uro.

b) Na zmernem ognju segrejte veliko ponev. Dodajte mleto govedino, čebulo in kumino; med občasnim mešanjem kuhajte, dokler meso ne porjavi. Odstrani iz

c) segrejemo in pustimo, da se ohladi. [To lahko storite en dan vnaprej.]

d) Ko je testo vzhajano, odstranimo kuhinjske krpe. Delovno površino in valjar rahlo potresemo s prahom. Kose testa razvaljajte v 4- do 5-palčne kroge. Na sredino vsakega kroga položite 2 žlici mesne mešanice. Kolo testa prepognemo na pol, da pokrijemo meso, in z vilicami pritisnemo navzdol okoli robov, da se zaprejo.

e) V veliki ponvi segrejte preostale 4 skodelice koruznega olja. Sambusak cvremo 3 do 5 minut na vsako stran ali do zlate barve. Odstranite iz olja z žlico z režami in prenesite na krožnik, obložen s papirnatimi brisačami. Postrezite toplo.

14. Taameya [egiptovski falafel]

SESTAVINE:
- 2 skodelici posušenega fava fižola ali čičerike, namočene čez noč
- 1 čebula, sesekljana
- 3 stroki česna, sesekljani
- 1/4 skodelice svežega peteršilja, sesekljanega
- 1 čajna žlička mlete kumine
- Sol in poper po okusu
- Rastlinsko olje za cvrtje

NAVODILA:
a) Namočen fižol odcedite in sperite, nato pa ga zmešajte s čebulo, česnom, peteršiljem, kumino, soljo in poprom.
b) Zmes oblikujte v majhne polpete.
c) V ponvi segrejemo olje in polpete zlato rjavo popečemo.
d) Postrezite v pita kruhu s tahinijevo omako.

15. Hawawshi [egipčanska pita, polnjena z mesom]

SESTAVINE:
- 1 lb mlete govedine ali jagnjetine
- 1 čebula, drobno sesekljana
- 2 paradižnika, narezana na kocke
- 2 stroka česna, nasekljana
- 1 čajna žlička mlete kumine
- Sol in poper po okusu
- Pita kruh

NAVODILA:
a) V ponvi prepražimo čebulo in česen, dokler se ne zmehčata.
b) Dodamo mleto meso in kuhamo, dokler ne porjavi.
c) Dodamo paradižnik, kumino, sol in poper ter dušimo, dokler se zmes ne zgosti.
d) Mesno mešanico nadevajte v razpolovljen pita kruh in pecite na žaru, da hrustljavo zapeče.

16. Sladki ocvrti s sirupom [Lomut al Adi]

SESTAVINE:
SIRUP:
- ¾ skodelice sladkorja
- Sok 1 limone

SLADKI CVRTKI:
- 1⅛ čajne žličke aktivnega suhega kvasa, pomešanega z 1 čajno žličko sladkorja
- 2¼ skodelice nebeljene večnamenske moke
- 1 žlica riževe moke
- 1 veliko jajce, pretepljeno
- 1 žlica prečiščenega masla [ghee]
- 4 skodelice stisnjenega koruznega olja za cvrtje

NAVODILA:
a) Pripravite sirup tako, da v veliko ponev daste 1 skodelico vode, sladkor in limonin sok. Premešajte in zavrite, odkrito, na zmernem ognju. Ko sirup začne vreti, zmanjšajte ogenj na nizko, nehajte mešati in pustite vreti 10 minut. Odstranite z ognja in odstavite, da se ohladi.

b) Pripravite sladke ocvrtke tako, da v majhni skledi raztopite mešanico kvasa v ¼ skodelice mlačne vode. Pustite počivati 15 minut ali dokler ne nastanejo mehurčki in se prostornina podvoji [to se imenuje vzhajanje kvasa].

c) V veliki skledi zmešajte večnamensko moko, riževo moko, vzhajano mešanico kvasa, jajce in prečiščeno maslo z 1¾ skodelice vode. Dobro premešajte, da se združi, nato stepite, da odstranite grudice. Zmes mora biti podobna testu za palačinke. Če se zdi testo pregosto, žlico za žlico dodajte še več vode, dokler ni gladko. Če se vam zdi testo preredko, dodajajte še moko, žlico za žlico, dokler ni gladko.

d) Testo pokrijemo s čisto kuhinjsko krpo, nato pa celotno skledo zavijemo v čisto brisačo. Postavite na toplo mesto brez prepiha za 2 uri ali dokler testo ne postane mehurčasto in podvoji prostornino.

e) Ko je testo pripravljeno, segrejte 4 skodelice olja v veliki široki ponvi. Zvrhano žličko testa z dvema čajnima žličkama oblikujte v oval in oval odrinite z eno od žličk. Ponovite s preostalim testom.

f) Ko olje doseže 350 do 365 stopinj F, previdno spustite majhne kroglice v vroče olje [pri tem lahko nosite rokavice za kuhanje]. Cvremo 2 do 3 minute na vsako stran, dokler ne postanejo zlato rjave barve. Odstranite z žlico z režami na krožnik, obložen s papirnatimi brisačami. Ponavljajte, dokler ne porabite vsega testa.

g) Ocvrtke previdno položite v rezerviran limonin sirup, jih nežno obrnite, da se prekrijejo, in jih odstranite na servirni krožnik. Ponavljajte, dokler niso vsi ocvrtki obloženi.

17. Egiptovski Fava Falafel [T'amaya]

SESTAVINE:
- 1 skodelica olupljenih posušenih fava fižolov [bobov], namočenih čez noč v vodi in nato odcejenih
- ¼ skodelice svežih listov kopra
- ¼ skodelice svežih listov cilantra
- ¼ skodelice svežih listov peteršilja
- 1 majhna rumena čebula, narezana na kocke
- 8 strokov česna, sesekljan
- 1 čajna žlička mlete kumine
- 1 čajna žlička mletega koriandra
- Ščepec kajenskega popra
- Sol
- Sveže mleti črni poper
- 1 čajna žlička pecilnega praška
- Ekspeler stisnjeno koruzno olje, za cvrtje
- ¼ skodelice belega sezama

NAVODILA:

a) Fižol, koper, koriander, peteršilj, čebulo in česen dajte v kuhinjski robot in mešajte, dokler ne nastane gladka pasta. Zmešajte s ½ skodelice vode [ali toliko, da postane mešanica mokra in ohlapna – podobna debelini mora biti tanka pasta].

b) Po okusu dodajte kumino, koriander, kajenski list ter nekaj soli in popra. Vmešajte pecilni prašek in premešajte, da se meša. Mešanico z žlico stresemo v skledo in pustimo stati na sobni temperaturi 1 uro.

c) V veliko ponev na srednjem ognju nalijte 3 cm koruznega olja. Ko je olje dovolj segreto za cvrenje, bo kos kruha, ki ga spustimo vanj, postal zlat in takoj priplaval na vrh. Z dvema čajnima žličkama naberite zvrhano žličko paste v eno žlico in jo z drugo žlico previdno odrinite, tako da v olju oblikujete okroglo polpetko. Postopek ponavljajte, dokler pekač ni poln, med posameznimi falafli pa pustite ½-palčni prostor.

d) Medtem ko se falafel kuha, potresite nekaj sezamovih semen na nekuhane stranice. Cvrite, dokler falafel ni temno zlato rjav, približno 5 minut; obrnemo in ocvremo še druge strani, dokler niso enake barve. Krožnik obložite s papirnatimi brisačkami.

e) Z žlico z režami potegnite falafel iz olja in ga odcedite na papirnatih brisačah. Ponovite s preostalim testom.

f) Postrezite toplo s tahinijevo omako.

18. Kroketi iz rdeče leče [Koftat Ads Ahmar]

SESTAVINE:
- 2 korenčka, olupljena in drobno narezana
- 1¼ skodelice zdrobljene rdeče leče
- 1 rumena čebula, drobno sesekljana
- 2 stroka česna, nasekljana
- ½ čajne žličke mletega cimeta
- ½ čajne žličke paprike
- ¼ čajne žličke mletega muškatnega oreščka
- 1 čajna žlička mlete kumine
- Sok 1 limone
- 2 žlici sesekljanih nesoljenih arašidov
- ½ skodelice večnamenske moke
- 1 čajna žlička mlete kurkume
- 1 skodelica stisnjenega koruznega olja Sol

NAVODILA:

a) V veliko ponev na močan ogenj dajte korenje, lečo, čebulo, česen, cimet, papriko, muškatni orešček, kumino, limonin sok, arašide in 2½ skodelice vode. Zavremo in nato zmanjšamo toploto na nizko. Pokrito dušimo 30

b) minut ali dokler vsa tekočina ne izhlapi. Odstranite ogenj in pustite na stran, dokler se dovolj ohladi, da ga lahko obvladate.

c) Na majhnem krožniku zmešajte moko in kurkumo. Roke rahlo potresemo z moko in zmes iz leče oblikujemo v 16 [3-palčnih] ovalov. Krokete iz leče nežno povaljajte v mešanici moke za premaz.

d) V veliki ponvi na srednje močnem ognju segrejte olje. Ko je olje vroče, previdno spustite nekaj kroketov v vroče olje, pri tem pa pazite, da ne napolnite ponve. Cvremo približno 10 minut na vsako stran oziroma do temno zlate barve. Krokete odstranite iz olja z žlico z režami in jih položite na krožnik, obložen s papirnatimi brisačkami.

e) Po okusu potresemo s soljo. Ponovite s preostalimi kroketi. Postrežemo toplo.

19. Mesne in bulgur pšenične prsti [Kibbeeba]

SESTAVINE:
ŠKOLJKA:
- 1⅓ skodelice finega bulgurja
- ½ funta mlete jagnjetine ali govedine
- 1 rdeč čili, brez semen in zmlet
- 1 srednje velika rumena čebula, grobo sesekljana Sol po okusu
- Sveže mleti črni poper po okusu

NADEV:
- 2 žlici olivnega olja
- 1 srednje velika rumena čebula, drobno sesekljana
- ¼ skodelice pinjol
- ½ funta mlete jagnjetine ali govedine
- ¼ čajne žličke mletega muškatnega oreščka
- ½ čajne žličke mletega cimeta
- ¼ čajne žličke paprike
- 1 čajna žlička mlete kumine
- 4 žlice svežega cilantra ali peteršilja, drobno sesekljanega
- Stisnjeno koruzno olje ali olje iz žafranike za cvrtje

NAVODILA:

a) Za pripravo lupine: Bulgur dajte v srednje veliko skledo in pokrijte z 2 skodelicama hladne vode. Namakajte 15 minut, dobro odcedite in vrnite v skledo. V sekljalnik dajte bulgur, mleto govedino ali jagnjetino, rdeči čili, čebulo, sol in poper. Utripajte in izklapljajte, dokler mešanica ne nastane pasta.

b) Za pripravo nadeva: V veliki ponvi na srednjem ognju segrejte olivno olje. Pražite čebulo, dokler ne postekleni, približno 3 do 5 minut. Dodamo pinjole, dobro premešamo in kuhamo 5 minut. Dodamo meso, muškatni orešček, cimet, papriko in kumino ter pražimo meso, da porjavi. Vmešajte cilantro ali peteršilj in pustite na strani, dokler se ne ohladi. Okusite in po potrebi dosolite.

c) Z žlico zmešajte mešanico lupin iz kuhinjskega robota na delovno površino. Z rokami oblikujte zmes v ravno, okroglo torto s premerom približno 8 centimetrov. Torto razrežite na 13 enako velikih rezin. Vsak klin sploščite z dlanjo (podobni bi morali biti palačinkam).

d) Na sredino kroga damo 1 čajno žličko mešanice za nadev. Nato pomaknite stranice, da prekrijete vso mešanico za nadev. Zvijemo ga v obliko jajčka, pri čemer pazimo, da nadev ostane skrit. Ponovite s preostalimi 12 kosi.
e) V veliki, globoki ponvi segrejte 2 cm jedilnega olja na zmernem ognju.
f) Ko je olje vroče, previdno spustite kibbeebo v olje. Pazite, da ne napolnite ponve – morda boste morali delati v serijah; med vsakim mora biti vsaj centimeter prostora. Pecite kibbeebo na eni strani 3 do 5 minut, dokler ni zlato rjava. Obrnemo jih in enako časa pečemo še na drugi strani.
g) Z žlico z režami odstranite kibbeebo na krožnik, obložen s papirnatimi brisačami. Po želji potresemo s soljo in nadaljujemo s cvrtjem preostanka kibbeebe.
h) Postrezite toplo ali pri sobni temperaturi.

20. Sladki ocvrtki z limoninim sirupom [Balahe Sham]

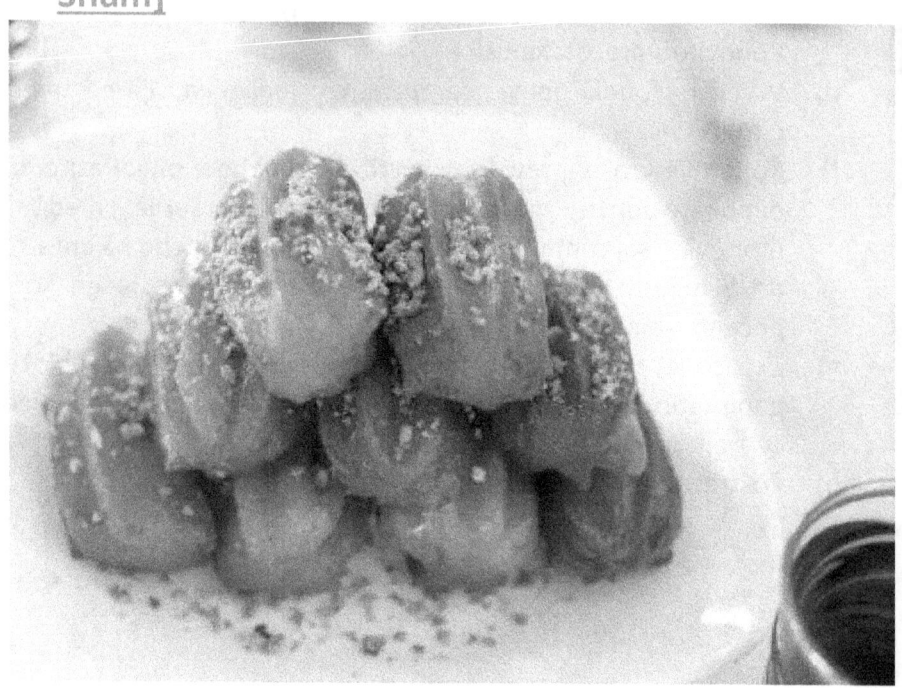

SESTAVINE:
LIMONIN SIRUP:
- 2 skodelici sladkorja
- 3 trakovi limonine lupine
- Sok ½ limone

SLADKI CVRTKI:
- 1 skodelica stisnjenega koruznega olja plus dodatek za cvrtje
- 2¼ skodelice nebeljene večnamenske moke
- 1 žlica sladkorja
- ½ čajne žličke soli
- 2 rumenjaka
- 1 čajna žlička vanilijevega ekstrakta

NAVODILA:

a) Pripravite sirup tako, da v srednje veliki ponvi zmešate sladkor, limonino lupinico, limonin sok in ¾ skodelice vode. Med počasnim mešanjem na zmernem ognju zavremo. Ko mešanica zavre in se sladkor raztopi, nehajte mešati in zmanjšajte toploto na nizko. Kuhajte 10 minut, nato odstavite z ognja in pustite, da se ohladi. Zavrzite limonino lupino in jo postavite na stran. [To lahko storite do 1 mesec vnaprej; pokrijte in shranite v hladilniku.]

b) Na močnem ognju zavrite 2 skodelici vode in olja. Ogenj zmanjšamo na nizko in previdno vmešamo moko, sladkor in sol. Nadaljujte z mešanjem, dokler se sestavine ne premešajo in začnete oblikovati testo, ki se vleče stran od sten ponve. Odstavimo, da se ohladi.

c) Ko se testo segreje na sobno temperaturo, vmešajte rumenjake, enega za drugim, in vanilijo.

d) Maso z žlico vložite v slaščičarsko vrečko, opremljeno z velikim zvezdastim nastavkom. Testo potisnemo navzdol proti dnu in zvijemo zgornji del vrečke, da ostane kompakten.

e) Sirup nalijte v veliko plitvo skledo in ga postavite blizu prostora za cvrtje. Blizu prostora za cvrtje postavite žično žlico, lopatico, drugo veliko skledo s cedilom in nož skupaj z napolnjeno vrečko za pecivo. V veliki široki ponvi na srednje močnem ognju segrejte 2 cm koruznega olja.

f) Vrečko za pecivo z eno roko držite popolnoma pravokotno nad vročim oljem, iz vrečke iztisnite 3-palčno poleno in hitro potegnite z nožem ali lopatico po konici vrečke, da ga sprostite v vroče olje. Delajte hitro in nadaljujte z dodajanjem polen peciva, dokler v olju ne dobite približno 10 enakih polen naenkrat. Z žično žlico z režami previdno obračajte polena, da zagotovite enakomerno porjavitev, in kuhajte, dokler niso temno zlate barve. [To naj traja 2 do 4 minute, če traja dlje, rahlo povečajte toploto; če se prehitro cvrejo, nekoliko zmanjšamo ogenj.] Z režo žlico poberemo polena iz olja in nežno otresemo odvečno olje. Potopite jih v sirup in z drugo žlico obrnite, da se enakomerno prekrijejo.
g) Položite jih v cedilo, da se odcedijo. Postopek ponavljajte v serijah, dokler ne porabite vsega testa.
h) Postrežemo toplo.

21. Krožnik z mešanimi orehi [Tabaa M'kassarat]

SESTAVINE:
- ¼ funta pistacij
- ¼ funta orehov
- ¼ funta praženih slanih mandljev
- ¼ funta slanih arašidov
- ¼ funta nasoljenih bučnih semen

NAVODILA:

a) Pistacije, orehe, mandlje, arašide in bučna semena v posamezne kocke naložite na servirni krožnik.

22. Pire iz fava fižola [Fuul Medammes]

SESTAVINE:

- 2 žlički ekstra deviškega oljčnega olja
- 1 [15-unčna] pločevinka kuhanega fava fižola [fuul medammes] s sokom
- 1 čajna žlička mlete kumine
- ⅛ čajne žličke soli
- Sveže mleti črni poper
- Sok 1 limone
- Pita kruh, za serviranje

NAVODILA:

a) V srednje veliki ponvi na srednje nizkem ognju segrejte 1 čajno žličko oljčnega olja.
b) Dodajte fižol in sok iz pločevinke, kumino, sol in nekaj popra ter dobro premešajte, da se združi.
c) Kuhajte 5 minut oziroma dokler se večina tekočine ne vpije.
d) Ogenj zmanjšamo na nizko in fižol rahlo pretlačimo z vilicami ali tlačilko za krompir ter vmešamo limonin sok.
e) Z žlico nanesite favo zmes na servirni krožnik. Na sredini naredite jamico in vanjo nakapajte preostalo 1 čajno žličko olivnega olja. Postrezite s pita kruhom.

23. Phyllo trikotniki, polnjeni z jagnjetino [Sambusak bil Lahma Dani]

SESTAVINE:
- ½ funta mlete jagnjetine, oprane in dobro odcejene
- 1 manjša rumena čebula, naribana
- ½ čajne žličke mlete kumine
- ½ čajne žličke mletega cimeta
- ½ čajne žličke mletega muškatnega oreščka
- ½ čajne žličke paprike
- Sol po okusu
- Sveže mleti črni poper po okusu
- 9 listov filo peciva [18 x 14 palcev], odmrznjenih v skladu z navodili na embalaži
- ⅓ skodelice prečiščenega masla [ghee]

NAVODILA:

a) Pripravite jagnječji NADEV: segrejte veliko ponev na zmernem ognju. Dodamo mleto jagnjetino, čebulo, kumino, cimet, muškatni oreščk in papriko. Mešanico med občasnim mešanjem kuhajte, dokler meso ne porjavi. Začinite s soljo in poprom po okusu ter dobro premešajte, da se meša. Pustite, da se mešanica ohladi na sobno temperaturo. [Nadev lahko naredite en dan prej in ga ohladite.]

b) Pečico segrejte na 350 stopinj F. 2 pekača obložite s pergamentnim papirjem ali silikonskimi podlogami.

c) Odprite filo liste in jih razprostrite na delovni površini z dolgo stranjo, obrnjeno proti sebi. Tri liste položite enega na drugega, zgornjega premažite s prečiščenim maslom, da ga pokrijete. Odrežite 5 enakih trakov [od zgoraj navzdol] po dolžini pravokotnika. Na vrh vsakega traku položite eno čajno žličko mešanice jagnjetine. Filo prepognemo čez nadev po diagonali. Nadaljujte z zlaganjem fila v trikotnik na način zlaganja zastavice. Nadaljujte s preostalim filom in nadevom.

d) Trikotnike položite na pripravljene pekače. Vrhove vsakega trikotnika namažite s prečiščenim maslom. Pečemo 20 do 25 minut oziroma dokler ne postanejo zlate barve. Postrezite toplo ali pri sobni temperaturi.

24. Slano filo pecivo z mesom [Goulash bi Lahma]

SESTAVINE:
- 1 žlica nesoljenega masla
- 1 majhna rumena čebula, narezana na kocke
- 1 funt mlete govedine
- ¼ čajne žličke mletega muškatnega oreščka
- ½ čajne žličke mlete kumine
- ¼ čajne žličke mletega cimeta
- ¼ čajne žličke paprike
- Sol po okusu
- Sveže mleti črni poper po okusu
- 1 paket filo testa, odtajanega na sobni temperaturi 2 uri
- 1 skodelica prečiščenega masla [ghee]

NAVODILA:

a) V veliki ponvi na srednjem ognju segrejte maslo. Dodajte čebulo in pražite, dokler ne postekleni, približno 5 do 7 minut. Dodajte goveje meso, vmešajte muškatni oreček, kumino, cimet in papriko ter dobro prepražite. Meso začinimo s soljo in

b) poper po okusu. Odstranite z ognja in odstavite, da se ohladi. [To lahko storite en dan vnaprej.]

c) Pečico segrejte na 350 stopinj F. Odprite škatlo filo testa. Z ostrim nožem obrežite filo liste, da se prilegajo v pekač velikosti 13x9x2 palcev.

d) Položite 1 list filo na dno pekača in premažite s prečiščenim maslom. Nadaljujte z zlaganjem filo testa in namažite vsak list z maslom, dokler ne porabite polovice listov. Porjavelo mesno zmes položite na filo in razporedite v enakomerno plast, tako da pustite ½-palčni rob okoli robov.

e) Pokrijte z drugim filo listom, namažite z maslom in nadaljujte z zlaganjem in namazanjem, dokler ne porabite vseh filo listov. Z ostrim, nazobčanim nožem filo razrežite na 24 kvadratov [4 čez in 6 po dolžini].

f) Postavimo v pečico in pečemo približno 45 minut oziroma do zlate barve.

25. Pire iz jajčevca [Baba Ghanoug]

SESTAVINE:
- 2 jajčevca [vsak dolg 8 do 9 palcev]
- 2 žlici tahinija
- Sol po okusu
- Sok 1 limone
- Ekstra deviško oljčno olje, po potrebi
- Ščepec sumaka za okras

NAVODILA:
a) Predgrejte brojlerja. Jajčevce prebodemo z vilicami in položimo na pekač. Pecite 15 do 20 minut in enkrat obrnite, dokler jajčevci ne postanejo mehurjasti in se sesedejo. Pustite, da se ohladi. Olupite in odstranite meso ter ga položite v cedilo, da se odcedi. Pritisnite z vilicami, dokler ne odstranite vse tekočine. Položite jajčevce v srednje veliko skledo in jih pretlačite z vilicami, da jih narežete na majhne koščke, ali pa jajčevce nekajkrat pretlačite v kuhinjskem robotu – pazite, da jajčevcev ne predelate preveč, saj ne smejo biti popolnoma gladki. .
b) Z vilicami v jajčevce vmešamo tahini, sol in limonin sok. Dodajte oljčno olje, žlico za žlico, dokler tekstura ne spominja na hrustljave arašide
c) maslo. Količina potrebnega oljčnega olja bo odvisna od vsebnosti vode in velikosti uporabljenih jajčevcev.
d) Pire iz jajčevcev položite v kupček na servirni krožnik. Na sredini naredite majhno jamico in jo napolnite z oljčnim oljem. Potresemo s sumakom. Postrezite pri sobni temperaturi skupaj s pita kruhom ali crudités.

26. Macerirani datlji z marelicami in rozinami [Khoshaf]

SESTAVINE:
- 1 funt čvrstih posušenih datljev brez koščic
- ½ funta rozin
- ½ funta suhih marelic, narezanih na majhne koščke
- ¼ skodelice sladkorja
- 1 čajna žlička vode pomarančnih cvetov
- 1 čajna žlička rožne vode

NAVODILA:
a) V veliko skledo dajte datlje, rozine in marelice. Prelijte jih s 4 skodelicami vrele vode. Vmešajte sladkor, vodo pomarančnih cvetov in rožno vodo.
b) Pustite stati, dokler voda ne doseže sobne temperature in sadje postane mehko.
c) Postrezite v majhnih ramekinah ali skodelicah z žlico.

27. Volčji fižol [Termis]

SESTAVINE:
- 1 [16 unč] kozarec volčjega fižola, pripravljenega za uživanje

NAVODILA:
a) Fižol volčjega boba za en dan namočimo v hladni vodi in nato odcedimo.
b) Če želite jesti zrna volčjega boba, jih primite v roko in fižol stisnite skozi lupino. Pojejte fižol in zavrzite lupino.

28. Phyllo trikotniki s sirom [Sambousik bil Gebna]

SESTAVINE:
- 1 skodelica kakovostnega feta sira, zdrobljenega in stepenega v gladko konsistenco
- 1 srednja čebula, naribana
- Sveže mlet poper
- Sol po okusu
- 9 listov filo testa [18 x 14 palcev], odmrznjenih
- ⅓ skodelice prečiščenega masla [ghee]
- Ščetek paprike

NAVODILA:

a) Pečico segrejte na 350 stopinj F. 2 pekača obložite s pergamentnim papirjem ali silikonskimi podlogami.

b) Naredite nadev tako, da v srednji skledi zmešate feta sir in čebulo. Začinite z nekaj kančki popra. Dobro premešajte in mešanico okusite. Zaradi vsebnosti soli v siru mešanica morda sploh ne potrebuje soli. Če se, dodajte sol po okusu in odstavite.

c) Odprite folije in jih razprostrite na delovno površino v pravokotni legi. Tri liste položite enega na drugega, zgornjega premažite s prečiščenim maslom, da ga pokrijete. Odrežite 5 enakih trakov [od zgoraj navzdol] po dolžini pravokotnika.

d) Na vrh vsakega traku položite eno čajno žličko sirne mešanice. Zložite filo čez nadev po diagonali in nadaljujte z zlaganjem filo na način zgibanja zastave [ali papirnate nogometne žoge] v trikotnik. Nadaljujte s preostalim filom in nadevom. Vrhove vsakega trikotnika namažite s prečiščenim maslom.

e) Potresemo s papriko in pečemo 20 do 25 minut oziroma do zlate barve. Postrezite toplo ali pri sobni temperaturi.

29. Različni krožnik svežega sadja [Tabaa Fakha Tazig]

SESTAVINE:
- 4 mandarine, olupljene
- 6 velikih jagod
- 2 jabolka Gala, brez sredice in narezana na ¼-palčne rezine
- 2 zlati jabolki, brez sredice in narezani na ¼-palčne rezine

NAVODILA:
a) Prtiček položite na okrogel servirni krožnik. Cele mandarine razporedimo v obliki križa na sredino krožnika.
b) Položite jagodo na sredino vsake mandarine in eno na stran dveh mandarin, ki sta na desni in levi strani.
c) jabolčne rezine gala na levi strani krožnika med jagodo in mandarino zgoraj in spodaj.
d) Zlate jabolčne rezine razporedite na desno stran krožnika med jagodo in mandarino zgoraj in spodaj.

30. Sendviči s piščančjim pita kruhom [Shwarma bil Firakh]

SESTAVINE:
- 2 funta prsi brez kože in kosti, narezane na dolge ½ palca široke kose
- 1 čajna žlička soli
- 1 čajna žlička sveže mletega črnega popra
- Ščetek čilija v prahu
- ¼ čajne žličke mletega muškatnega oreščka
- 1 čajna žlička mletega pimenta
- 1 čajna žlička mlete kumine
- Sok in naribana lupinica 1 limone
- ⅛ skodelice belega kisa
- ¼ skodelice koruznega olja
- 5 strokov česna, sesekljan
- 2 srednji čebuli, sesekljani

ZA SERVIRANJE
- 6 kosov navadnih pita kruhkov
- Egiptovska pekoča omaka po želji
- Tahini omaka
- Različne kumarice ali konzervirane limone

NAVODILA:

a) V veliki plitki skledi ali posodi zmešajte rezine piščanca, sol, poper, čili v prahu, muškatni orešček, piment, kumino, limonin sok in lupinico, beli kis, koruzno olje, stroke česna in čebulo. Premešajte, da se dobro premeša in premažete piščanca. Pokrijemo z aluminijasto folijo in postavimo v hladilnik za 24 ur.

b) Ko je piščanec mariniran 24 ur, segrejte pečico na 425 stopinj F. Odstranite piščanca iz hladilnika in ga dobro odcedite. Piščanca razporedite v eno plast na pekač. Pecite v spodnjem delu pečice 25 minut, enkrat obrnite. Okusite piščanca in po potrebi prilagodite začimbe.

c) Pita kruhke prerežite na pol. Položite na pekač in segrevajte v pečici približno 1 do 2 minuti. Odstranite iz pečice in na vrh položite piščančje meso.

d) Postrezite na krožniku z majhnimi skledicami egipčanske vroče omake, tahinijeve omake in kislih kumaric.

31. Pečena riba z zelišči in paradižniki [Samak Fee al Forn bi Tomatum]

SESTAVINE:
- 2 žlički posušenega koriandra
- 4 stroki česna, sesekljani
- Sok 1 limone
- 2 žlički mlete kumine
- 1 cel [2 do 3 funte] brancina ali rdečega brancina, z luskami in očiščen
- 2 žlici olivnega olja
- 6 zrelih paradižnikov, narezanih
- 1 rumena čebula, na tanko narezana
- 1 limona, na tanke rezine
- 1 žlica sesekljanega svežega peteršilja
- 1 žlica sesekljanega svežega cilantra
- 1 žlica sesekljane sveže mete
- Sol
- Sveže mleti črni poper

NAVODILA:
a) Pečico segrejte na 425 stopinj F. V majhni skledi zmešajte koriander, stroke česna, limonin sok in kumino, da se združijo.
b) Na obeh straneh ribe naredite 4 enako razmaknjene diagonalne poševnice. Česnovo mešanico razporedite po votlini in zarezah rib.
c) Pekač naoljimo z olivnim oljem. Ribe položite v posodo in jih obrnite, da jih premažete v olju. Ob straneh rib raztresite paradižnik in čebulo.
d) V ribjo votlino položite rezine limone, peteršilj, koriander in meto. Ribe začinite s soljo in sveže mletim poprom.
e) Pecite 30 minut ali dokler riba ni neprozorna in kuhana; riba je temeljito kuhana, ko se zlahka lušči.
f) Postrezite toplo z rezinami limone.

GLAVNA JED

32. Puran, polnjen z rižem in mesom [Deeq Rumi Meshi Ma Roz wa Lahma]

SESTAVINE:
- 3 žlice stisnjenega koruznega olja
- ⅛ skodelice narezanih mandljev
- ⅛ skodelice rozin
- ¼ funta mlete govedine ali jagnjetine
- 1 majhna čebula, narezana na kocke
- 2 skodelici egipčanskega ali drugega kratkozrnatega riža
- 1 čajna žlička soli
- ½ čajne žličke sveže mletega popra
- 1 čajna žlička mlete kumine
- 1 čajna žlička mletega koriandra
- ½ čajne žličke mletega cimeta
- 1 korenček, grobo narezan
- 1 por, grobo narezan
- 1 steblo zelene, grobo sesekljano
- 1 cel puran [10 do 12 funtov], očiščen in dobro opran, drobovina rezervirana za drugo uporabo
- 1 skodelica paradižnikove mezge

NAVODILA:
a) Pečico segrejte na 375 stopinj F.
b) V veliki ponvi na srednjem ognju segrejte 1 žlico koruznega olja. Dodamo mandlje in rozine ter pražimo 1 minuto ali dokler mandlji ne porjavijo in se rozine napolnijo. Odstranite z žlico z režami in postavite na stran.
c) V isto ponev dodajte meso in čebulo ter kuhajte, dokler meso ne porjavi. Vmešajte riž, pražite 1 minuto ali dokler ni prozoren. Dodajte 3½ skodelice vode, premešajte in povečajte toploto na visoko.
d) Takoj ko mešanica začne vreti, zmanjšajte ogenj na nizko in začinite s soljo in sveže mletim poprom. Pokrijte in kuhajte približno 15 minut oziroma dokler ne vpije vsa voda.
e) Riževo zmes vlijemo v veliko skledo in vmešamo mandlje, rozine, kumino, koriander in cimet.

f) Pekač 9 x 13 palcev ali pekač s pokrovom namastite s preostalima 2 žlicama koruznega olja. Na dno pekača položite koščke korenčka, pora in zelene.
g) Puranje položite s prsmi navzgor v ponev in jih obrnite, da jih premažete z oljem. V votlino položite riževo zmes in noge pritrdite z mesarsko vrvico. Purana prelijemo s paradižnikovo mezgo.
h) Začinimo s soljo in sveže mletim poprom.
i) Pokrijte z aluminijasto folijo ali pokrovom in pecite 3½ do 4 ure ali dokler puran ni pečen, pri čemer purana vsakih 30 minut polijte.

33. Pečena jagnječja stegna s krompirjem [Fakhda Mashwiya bil Batatas]

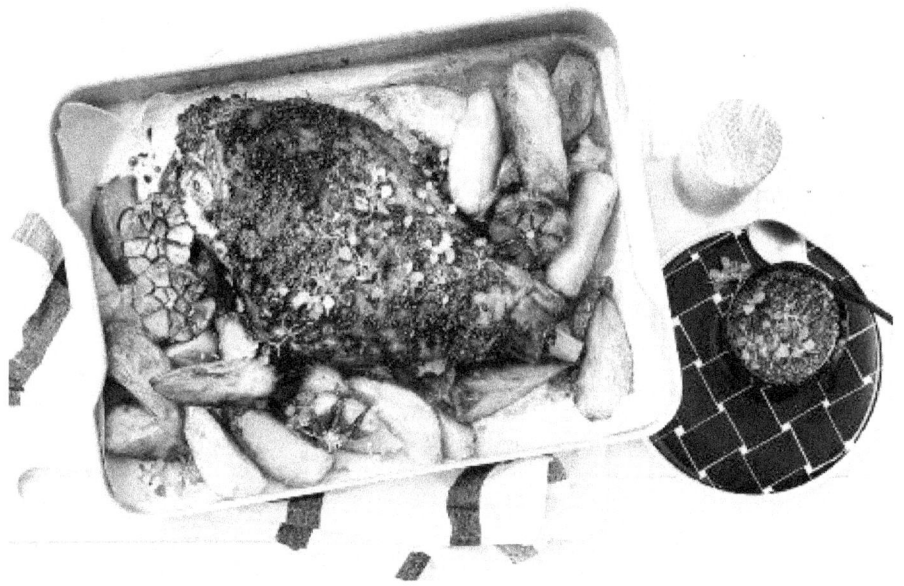

SESTAVINE:
- 1 [5-kilogramska] jagnječja noga
- 1 glava česna, olupljena in narezana
- Sol po okusu
- 3 žlice posušene mete
- Sveže mleti črni poper po okusu
- 2 skodelici piščančje juhe ali vode
- 8 srednje velikih krompirjev Yukon Gold, olupljenih in na četrtine narezanih
- Sok 1 limone
- 2 veliki rumeni čebuli, narezani na kolobarje
- 3 žlice stisnjenega koruznega olja
- 2 večja paradižnika, narezana oz
- ½ skodelice narezanih konzerviranih paradižnikov
- 2 cimetovi palčki

NAVODILA:
a) Pečico segrejte na 350 stopinj F.
b) Z nožem za seznanjanje naredite 1-palčne zareze na različnih mestih jagnječje noge. V zareze v jagnjetini vstavite stroke česna. V jagnječjo nogo vtrite nekaj soli, mete in malo popra. Jagnjetino položite v velik pekač. V ponev nalijte 1 skodelico piščančje juhe ali vode. Pečemo 1 uro, nepokrito, vsakih 20 minut polivamo.
c) V ponev dodamo krompir. Krompir in jagnjetino prelijemo z limoninim sokom ter začinimo s soljo in poprom. Čez jagnjetino položite čebulne obročke. Čebulo in krompir pokapajte s koruznim oljem. Paradižnike razporedite po straneh pekača. V ponev dodajte cimetove palčke in preostalo 1 skodelico juhe. Vrnite se v pečico in pecite brez pokrova dodatni 2 uri, vsakih 20 minut polivajte, dokler jagnjetina ne odpade od kosti in se krompir zmehča.
d) Odstranite iz pečice in pokrijte pekač s pokrovom ali aluminijasto folijo. Jagnječje meso pustite stati na sobni temperaturi 10 minut pred rezanjem. Paradižnik in krompir z žlico naložimo v servirno skledo. Odstranite in zavrzite cimetove palčke. Jagnjetino položimo na servirni krožnik in izrežemo. Postrežemo toplo.

34. Ful Medames [Fava fižolova enolončnica]

SESTAVINE:
- 2 skodelici posušenega fava fižola
- 4 skodelice vode
- 3 stroki česna, sesekljani
- 1/4 skodelice olivnega olja
- Sol po okusu
- Dodatki po želji: sesekljan paradižnik, čebula in peteršilj

NAVODILA:
a) Fava fižol čez noč namočite v vodi.
b) Fižol kuhamo v loncu z vodo, dokler se ne zmehča.
c) V ločeni ponvi na oljčnem olju prepražimo sesekljan česen do zlate barve.
d) V ponev dodamo kuhan fižol, ga rahlo pretlačimo in posolimo.
e) Postrezite vroče, okrašeno s paradižniki, čebulo in peteršiljem.

35. Koshari [egipčanska jed iz leče in riža]

SESTAVINE:
- 1 skodelica rjave leče
- 1 skodelica riža
- 1 skodelica majhnih testenin [makaroni ali vermicelli]
- 1 pločevinka [14 oz] čičerike, odcejene
- 1 velika čebula, narezana na tanke rezine
- 3 stroki česna, sesekljani
- 2 žlici rastlinskega olja
- 1 čajna žlička mlete kumine
- 1 čajna žlička mletega koriandra
- Sol in poper po okusu
- Paradižnikova omaka za serviranje

NAVODILA:
a) Ločeno skuhajte lečo in riž po navodilih na embalaži.
b) Testenine skuhamo do al dente, nato jih odcedimo.
c) V ponvi zlato rjavo prepražimo čebulo, dodamo česen, kumino, koriander, sol in poper.
d) Po plasteh položite lečo, riž, testenine in čičeriko. Prelijte z mešanico čebule in postrezite s paradižnikovo omako.

36. Enolončnica s teletino, rižem in popečenim kruhom [Fattah bil Bitello]

SESTAVINE:
- 2 funta telečjih plečnih kock brez kosti
- 1 velika čebula
- 1 čajna žlička soli
- ½ čajne žličke sveže mletega črnega popra
- ½ čajne žličke mletega cimeta
- ½ čajne žličke mletega muškatnega oreščka
- ½ čajne žličke paprike
- 2 pita kruha, narezana na 1-palčne kvadrate
- ¼ skodelice prečiščenega masla [ghee]
- ¼ skodelice destiliranega belega kisa
- 13 strokov česna, olupljenih in mletih
- 1 čajna žlička posušenega koriandra
- 2 skodelici pripravljenega egipčanskega riža
- 4 žlice drobno sesekljanega svežega peteršilja
- Pekoča omaka, za serviranje

NAVODILA:
a) V večjo ponev damo telečje kocke, čebulo, sol, poper, cimet, muškatni oreščekin papriko. Zalijemo z vodo in na močnem ognju zavremo. Zmanjšajte ogenj na srednje nizko, pokrijte in dušite, dokler se teletina ne zmehča. Okusite in po potrebi prilagodite sol.
b) Predgrejte brojlerja. Kose pita kruha položite na pekač in jih na obeh straneh rahlo namažite s prečiščenim maslom. Položite pod brojlerje in jih enkrat obrnite, dokler niso opečeni na obeh straneh. Dati na stran.
c) V majhni kozici na srednjem ognju segrejte kis. Dodajte česen in koriander ter kuhajte, dokler tekočina ne doseže polovice prvotne količine.
d) Koščke kruha vmešajte v egiptovski riž in mešanico nalijte na dno servirnega krožnika, tako da ob straneh posode pustite 2-palčni rob.
e) Kose teletine razporedite po riževem robu. Riž in telečjo juho pokapljamo s kis-česnovo omako po kosih teletine.
f) Po vrhu posode potresemo peteršilj.
g) Postrežemo toplo.

37.Sveže sardele na žaru [Sardine Ma'li]

SESTAVINE:
- 1 žlica ekstra deviškega oljčnega olja
- 3 funte svežih sardel, očiščenih in brez drobovja
- 1 šopek svežega rožmarina
- Sol
- Sveže mleti črni poper
- 2 limoni, narezani na četrtine

NAVODILA:
a) Žar ali žar ponev segrejte na srednje močnem ognju. Če uporabljate žar ponev, namažite z oljčnim oljem.
b) Vsako sardelo nadevajte z vejico svežega rožmarina ter po okusu začinite s soljo in poprom.
c) Postavite na žar in pecite 3 do 5 minut na vsako stran, dokler niso rahlo zlate in pečene.
d) Položite na krožnik in okrasite s preostalimi vejicami rožmarina in četrtinami limone.

38. Makaroni z mesom in bešamelom [Macarona Bechamel]

SESTAVINE:
BEŠAMEL OMAKA:
- 4 žlice masla
- 4 žlice večnamenske moke
- 2 skodelici toplega polnomastnega mleka
- 2 skodelici toplega piščančjega oz
- zelenjavna zaloga
- Sol
- Sveže mleti črni poper
- 1 jajce

MESNI NADEV:
- 2 žlici nesoljenega masla
- 2 funta mlete govedine
- 1 čebula, naribana
- 1 žlička začimbe za goveje meso oz
- ½ čajne žličke mletega korian-derja in ½ čajne žličke mlete kumine
- ¼ skodelice paradižnikove mezge Sol
- Sveže mleti črni poper
- 1 funt rigatoni ali penne
- ½ skodelice naribanega sira pecorino Romano [ali egipčanskega gebna rumija] za preliv

NAVODILA:
a) Za pripravo bešamela: V srednji ponvi na srednjem ognju raztopite maslo. Dodajte moko in dobro premešajte, da se meša. Počasi vmešajte mleko in osnovo po ½ skodelice naenkrat, po vsakem dodajanju. Ogenj povečamo na srednje visoko, rahlo vremo dve minuti, zmanjšamo ogenj na nizko in med počasnim mešanjem z leseno žlico dušimo, dokler se omaka ne zmanjša na polovico prvotne prostornine. Odstranite z ognja in pustite, da se nekoliko ohladi. Okusite in po potrebi dodajte sol in poper po okusu. V majhni posodi stepemo jajca in dodamo eno za drugo 2 žlici bešamela in po vsakem dodajanju dobro premešamo. Jajčno mešanico počasi dodajajte v bešamel, dobro premešajte. Omako odstavite, dokler je ne potrebujete.

b) Za pripravo mesnega NADEVA: V veliki ponvi na srednjem ognju segrejte maslo. Dodajte goveje meso, čebulo in začimbe za goveje meso ter kuhajte, dokler goveje meso ne porjavi, približno 5 minut. Dodamo paradižnikovo mezgo, sol in sveže mlet poper po okusu. Zmanjšajte ogenj na nizko in kuhajte nepokrito, dokler mesna mešanica ne vpije paradižnikove mezge. Odstranite ponev z ognja, poskusite in po potrebi prilagodite sol in poper.
c) Za sestavljanje in peko makaronov: Pečico segrejte na 350 stopinj F. Skuhajte testenine v skladu z navodili na embalaži. Prenehajte s kuhanjem 1 do 2 minuti prej [testenine se bodo še naprej kuhale v pečici] in jih odcedite. Na dno 9x13x2-palčnega pekača razporedite približno ¼ skodelice bešamela. Rezervirajte 1 skodelico bešamela za vrh enolončnice. Preostanek bešamela zmešamo s testeninami. Okusite in po potrebi prilagodite sol.
d) Polovico mešanice testenin z žlico naložimo v pekač in po vrhu poravnamo. Mesni nadev enakomerno razporedite po testeninah. Čez mesni nadev razporedite preostalo mešanico testenin. Po vrhu pogladimo in testenine enakomerno prelijemo z odloženim bešamelom.
e) Po celotni jedi enakomerno potresemo nariban sir pecorino Romano.
f) Pecite enolončnico približno 45 minut oziroma dokler vrh ni zlato rjav.

39. Matzo pita s piščancem in špinačo z egiptovsko pekočo omako [Mayeena]

SESTAVINE:
- 2 funta piščančjih beder
- 7 žlic stisnjenega koruznega olja
- 2 rumeni čebuli, narezani na kocke
- 10 strokov česna, mletega
- 2 funta zamrznjene špinače, odmrznjene in odcejene
- Sol po okusu
- Sveže mleti črni poper
- 1 čajna žlička mletega pimenta
- 1 čajna žlička mletega koriandra
- 1 čajna žlička mletega cimeta
- ½ skodelice sesekljanega peteršilja
- ½ skodelice sesekljanega cilantra
- 5 jajc, rahlo stepenih
- 1 skodelica piščančje juhe [prihranjena med kuhanjem piščanca]
- 6½ organskih polnozrnatih matzo listov
- 2 skodelici paradižnikove mezge
- 1 čajna žlička mlete kumine
- ¼ čajne žličke čilija v prahu
- 1 žlica destiliranega belega kisa

NAVODILA:
a) Piščančja bedra položite v srednje veliko ponev in pokrijte z vodo. Zavremo na srednje močnem ognju in nato zmanjšamo toploto na srednje nizko. Z vrha lonca odstranite pene in odkrito dušite 30 minut ali dokler ni piščanec kuhan. Odcedite in rezervirajte 1 skodelico juhe.
b) Pečico segrejte na 375 stopinj F. Ko je piščanec dovolj hladen, da ga lahko obdelujete, odstranite meso s kosti in ga narežite na majhne koščke.
c) V veliki ponvi na srednjem ognju segrejte 2 žlici koruznega olja. Dodamo polovico čebule in pražimo, dokler ni mehka in prosojna. Vmešajte polovico česna in odkrito kuhajte 1 minuto.
d) Dodajte špinačo v ponev; kuhajte 1 minuto, nepokrito. V zmes vmešamo piščančje meso; kuhajte še minuto. Začinite s soljo in

poprom, pimentom, koriandrom in cimetom. Znižajte ogenj in kuhajte 1 minuto. Vmešajte peteršilj in koriander.

e) Stepena jajca previdno vlijemo v ponev in močno mešamo, da se jajca ne strdijo. Med stalnim mešanjem kuhamo 2 minuti in nato odstavimo z ognja.

f) 9 x 13-palčni pekač naoljite z 1 žlico koruznega olja. Piščančjo osnovo nalijemo v veliko plitvo ponev ali skledo. List matze potopite v juho, tako da je nasičen in zmehčan, a še vedno nedotaknjen, nato pa ga položite na dno naoljene ponve. Nadaljujte, dokler ni celotno dno pekača popolnoma obloženo z matzo. [Morda boste morali nekaj kosov razbiti, da bodo ustrezali.]

g) Polovico mešanice piščanca/špinače enakomerno porazdelite po plasti matzo. Mešanico piščanca/špinače prelijte s ¼ skodelice piščančje juhe. Na vrh mešanice piščanca/špinače položite še eno plast mokre matzo. Matzo prelijemo s preostalo juho. Previdno namažite 3 žlice koruznega olja po vrhu enolončnice. Pečemo 30 minut oziroma do zlate barve.

h) Medtem ko se enolončnica peče, pripravite egipčansko pekočo omako: segrejte preostalo 1 žlico koruznega olja v srednji ponvi na srednjem ognju. Dodajte preostalo polovico čebule in pražite, dokler ni mehka in zlata. Dodamo preostalo polovico česna in pražimo, dokler se ne obarva. Dodamo paradižnikovo mezgo, premešamo ter po okusu začinimo s soljo in poprom. Dodajte kumino in čili v prahu ter dobro premešajte; pokrijemo in dušimo 20 minut. Dodamo kis in pokrito dušimo še 5 minut. Okusite in po potrebi prilagodite sol in poper. Odstavimo z ognja in pustimo pokrito do serviranja.

i) Omako postrezite vročo v skledi poleg vroče matzo enolončnice.

40. Pečene sardele z rukolo [Sardeen Fee al Forn bi Gargheer]

SESTAVINE:
- 5 žlic ekstra deviškega oljčnega olja
- 1 funt celih sardel, očiščenih in z luskami
- 4 stroki česna
- 1 čajna žlička mletega koriandra
- 1 čajna žlička mlete kumine
- 1 čajna žlička zataarja, 1 posušen timijan ali posušen origano
- Ščepec čilija v prahu
- Sok 1 limone ali limete
- Sol
- Sveže mleti črni poper
- Rukola

NAVODILA:
a) Pečico segrejte na 425 stopinj F.
b) Pekač naoljite z 1 žlico olivnega olja in vanj položite sardele. Preostale 4 žlice oljčnega olja, česen, koriander, kumino, zatar, timijan ali origano in čili v prahu zmešajte v mešalniku ali kuhinjskem robotu, da nastane preliv. Sardele prelijemo s prelivom.
c) Sardine pečemo 20 do 25 minut, dokler robovi niso zlato rjavi, meso pa neprozorno. Čez sardele stisnite limonin ali limetin sok; po okusu začinimo s soljo in sveže mletim poprom.
d) Postrezite vroče ali sobne temperature z rukolo.

41. Telečji in krompirjev tagin [Tagin Bitello wa Batatas]

SESTAVINE:

- 1 žlica prečiščenega masla [ghee]
- 1 srednje velika rumena čebula, sesekljana
- 3 skodelice narezanih paradižnikov s sokom
- 1 funt telečje pleče brez kosti, narezano na 1-palčne kocke
- 5 strokov česna, narezanih
- 3 veliki krompirji Yukon Gold, olupljeni in narezani na tanke kolobarje
- 1 čajna žlička soli
- ½ čajne žličke sveže mletega črnega popra
- ⅛ čajne žličke zmlete posušene rdeče paprike
- ¼ čajne žličke mletega muškatnega oreščka
- ½ čajne žličke mletega cimeta
- ¼ čajne žličke paprike
- 2 žlici sesekljanega svežega peteršilja

NAVODILA:

a) Pečico segrejte na 300 stopinj F. V ponvi, odporni na pečico, ali običajni ponvi, če boste uporabljali glinen pekač, segrejte prečiščeno maslo na srednjem ognju. Dodamo čebulo in pražimo, dokler ne postekleni.

b) Dodamo paradižnik, teletino, česen in krompir. Začinite s soljo, poprom, kosmiči rdeče paprike, muškatnim oreščkom, cimetom in papriko ter dobro premešajte.

c) Če uporabljate glineni pekač, prelijte enolončnico v posodo in pokrijte. Sicer ponev pokrijemo in postavimo v pečico.

d) Pečemo 1 uro in 15 minut oziroma dokler se meso in krompir ne zmehčata in se na vrhu naredi "skorjica". Odstranite iz pečice, okusite in po potrebi prilagodite sol.

e) Okrasimo s peteršiljem in postrežemo v pekaču.

42. Jagnječje krače z začimbami [Kawara Lahma Dani]

SESTAVINE:
- 2 žlici rastlinskega olja
- 4 jagnječje krače
- Sol
- Sveže mleti črni poper
- ½ čajne žličke mletega muškatnega oreščka
- 1 čajna žlička mletega cimeta
- 1 čajna žlička paprike
- 1 čajna žlička mlete kumine
- 2 stebli zelene, narezani na kocke
- 2 rumeni čebuli, narezani na četrtine
- 2 korenčka, olupljena in narezana na kocke
- 2 stroka česna, nasekljana
- 4 skodelice zelenjavne, piščančje ali goveje juhe
- 2 žlički janeževih semen
- Sok 1 limone ali pomaranče
- Korenovka [krompir, rutabagas itd.], sesekljana [neobvezno]

NAVODILA:
a) V veliki plitvi ponvi na srednjem ognju segrejte rastlinsko olje. V ponev dodamo jagnječje krače in jih zapečemo z vseh strani. Vsako stran jagnjetine začinite s soljo in poprom, muškatnim oreščkom, cimetom, papriko in kumino. Jagnjetino vzamemo iz ponve in odstavimo.
b) Dodajte zeleno, čebulo, korenje in česen v ponev in premešajte, da se dobro premeša. Pražite, dokler zelenjava ne postekleni.
c) V ponev vrnemo jagnjetino in krače zalijemo z osnovo. Ogenj povečajte in zavrite. Ogenj zmanjšamo na nizko, pokrijemo in pustimo vreti 1 uro in pol.
d) V ponev dodamo janeževa semena in limonin ali pomarančni sok. Če uporabljate korenasto zelenjavo, jo v tem času dodajte tudi v ponev. Premešajte, pokrijte in nadaljujte z dušenjem mesa, dokler ni mehko in ne odpade od kosti, še približno uro in pol.
e) Okusite in po potrebi prilagodite sol in poper. Za serviranje jagnjetino položite na servirni krožnik z robovi. Precedite juho čez jagnjetino. Pred serviranjem meso pustite stati 10 minut.

43. Leča, riž in testenine s pikantno paradižnikovo omako [Koushari]

SESTAVINE:
- 1 skodelica rjave ali črne leče, oprane
- 3 žlice stisnjenega koruznega olja
- 2 srednji rumeni čebuli, 1 narezana na kocke, 1 na tanke rezine
- 6 strokov česna, mletega
- 2 skodelici paradižnikove mezge
- Sol po okusu
- Sveže mleti črni poper po okusu
- 1 čajna žlička mlete kumine
- ¼ čajne žličke čilija v prahu
- 1 žlica destiliranega belega kisa
- 1 skodelica egipčanskega ali drugega kratkozrnatega riža
- ½ skodelice komolčnih makaronov ali mini penne testenin
- 1 skodelica konzervirane čičerike, oprane in dobro odcejene

NAVODILA:
a) Lečo položite v srednje veliko ponev in jo pokrijte z vodo. Zavremo na močnem ognju in nato zmanjšamo toploto na srednje. Dušite, odkrito, dokler se ne zmehča, približno 20 minut. Odcedite in rezervirajte lečo, dokler je ne potrebujete.
b) V srednji ponvi na srednjem ognju segrejte 1 žlico koruznega olja. Dodamo na kocke narezano čebulo in pražimo do mehkega in zlatorjavega. Dodamo česen in pražimo, dokler ne začne barvati. Dodamo paradižnikovo mezgo, premešamo ter po okusu začinimo s soljo in poprom. Dodajte kumino in čili v prahu, dobro premešajte. Pokrijemo in dušimo 20 minut. Dodamo kis in pokrito dušimo še 5 minut. Okusite in po potrebi prilagodite sol in poper. Odstavimo z ognja in pustimo pokrito do serviranja.
c) Srednjo ponev do treh četrtin napolnite z vodo in na močnem ognju zavrite. Dodajte egiptovski riž in zmanjšajte toploto na srednje. Kuhamo, dokler se riž ne zmehča in nato odcedimo. Riž položite nazaj v ponev in pokrijte, da ostane topel do serviranja.
d) Medtem napolnite drugo srednje veliko ponev do treh četrtin vode in zavrite na močnem ognju. Začinite s soljo in zmanjšajte toploto na srednje.

e) Dodajte testenine in kuhajte do konca. Dobro odcedite, položite testenine nazaj v ponev in pokrijte, da ostanejo tople do serviranja.
f) V veliki, široki ponvi na srednjem ognju segrejte preostali 2 žlici koruznega olja. Dodamo narezano čebulo in pražimo do temno zlato rjave barve. Vzleti
g) segrejemo in vmešamo čičeriko.
h) Koushari sestavite tako, da riž enakomerno stresete na dno velike plitke servirne sklede. Na riž razporedite testenine, na testenine pa lečo. Omako enakomerno prelijemo po vrhu riža in testenin. Čebulo in čičeriko razporedite po vzorcu po sredini krožnika. Postrezite toplo.

44.Čerkeški piščanec [shirkaseya]

SESTAVINE:
- 3 cele piščančje prsi brez kosti
- 5 skodelic piščančje juhe
- Sol
- Sveže mleti črni poper
- 1 korenček, olupljen in narezan na pol
- 3 rezine starega kruha, narezane na koščke
- 1½ skodelice mletih orehov
- 1 strok česna
- ½ skodelice polnomastnega mleka

OKRASI
- 1 žlica olivnega olja
- 1 čajna žlička paprike
- 3 polovice orehov

NAVODILA:
a) V veliko ponev dajte piščančje prsi, 4 skodelice jušne osnove, sol, poper in korenček. Pustite, da zavre na srednje močnem ognju, nepokrito. Posnemite peno z vrha tekočine, ko nastane. Zmanjšajte toploto na srednje nizko in kuhajte nepokrito 45 minut ali dokler ni piščanec kuhan.
b) Preostalo 1 skodelico jušne osnove, kruh, orehe, česen in mleko pretlačite v mešalniku, da nastane gladka pasta. Okusite ter prilagodite sol in poper po okusu. Ko je piščanec kuhan, ga odcedite in pustite, da se nekoliko ohladi.
c) Juho rezervirajte za drugo uporabo. Ko je dovolj hladen, ga s prsti razrežite na koščke.
d) Kose piščanca položimo na servirni krožnik in prelijemo z orehovo pasto.
e) V majhno skledo vlijemo olivno olje in vmešamo papriko.
f) Pokapljamo po vrhu piščanca in nanj položimo polovice orehov.

45. Egiptovski riž z mešano zelenjavo [Roz bil Khodar]

SESTAVINE:
- 2 zeleni papriki, narezani na kocke
- 2 korenčka, narezana na kocke
- 2 žlici olivnega olja
- 1 rumena čebula, na tanko narezana
- 2 skodelici egipčanskega ali drugega kratkozrnatega riža
- ¾ skodelice sesekljanega paradižnika
- 3 skodelice piščančje ali zelenjavne juhe
- ½ čajne žličke soli
- ¼ čajne žličke sveže mletega črnega popra

NAVODILA:

a) Papriko in korenje dajte v srednje veliko ponev, ki ste jo do treh četrtin napolnili z vodo, in zavrite. Zmanjšajte ogenj in odkrito pustite vreti 10 minut. Odcedimo in odstavimo.

b) V srednji ponvi na srednjem ognju segrejte olječno olje. Dodamo rezine čebule in pražimo do svetlo zlate barve. Odstranite iz ponve in dodajte zelenjavi.

c) Dodajte riž k olju, v katerem se je pražila čebula. Kuhajte na srednje nizkem ognju 3 do 5 minut ali dokler ne postekleni. Dodajte zelenjavo, paradižnik in osnovo. Začinite s soljo in poprom ter premešajte, da se meša.

d) Na močnem ognju zavrite. Zmanjšajte toploto na nizko in pokrito kuhajte 20 do 25 minut ali dokler ne vpije vsa voda. Postrežemo toplo.

46. Beduinska jagnječja enolončnica [Tagin Lahma Dani]

SESTAVINE:
- 1 žlica stisnjenega koruznega olja
- 3 rumene čebule, tanko narezane
- 3 funte jagnječjega plečeta, narezanega na 3-palčne kose
- 1 čajna žlička mletega cimeta
- ½ čajne žličke mletega muškatnega oreščka
- ½ čajne žličke mletega pimenta
- 1 čajna žlička soli ali po okusu
- Sveže mleti črni poper

NAVODILA:
a) Pečico segrejte na 325 stopinj F. V veliki ponvi, primerni za pečico, segrejte olje.
b) Dodajte čebulo in jo na srednjem ognju pražite do rjave barve 5 do 7 minut. Dodajte jagnjetino in zapecite z vseh strani, približno 10 minut.
c) Jagnjetino začinimo s cimetom, muškatnim oreščkom, pimentom, soljo in malo popra. Vrzite meso na plašč. Jagnjetino prelijemo s toliko vode, da je komaj pokrita, in nepokrito postavimo v pečico.
d) Dušimo 2 uri in pol, vsake pol ure jih obrnemo. Dodajte več vode, da pokrije, če ni več tekočine, in dušite še 30 minut ali dokler jagnjetina ni mehka.
e) Postrežemo toplo.

47. Pečen mariniran piščanec [Firakh Mashwi Fee al Forn]

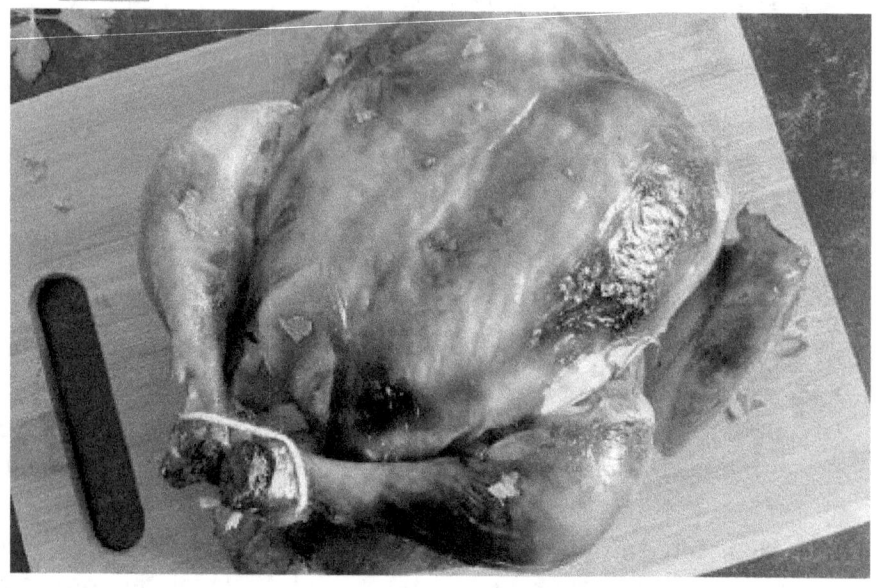

SESTAVINE:
- ¼ skodelice ekstra deviškega oljčnega olja
- Sok 1 limone
- Sok 1 limete
- 1 rumena čebula, narezana na četrtine
- 4 žlice sesekljane sveže mete
- 1 žlica sesekljanega svežega peteršilja
- 1 žlica sesekljanega svežega origana
- 1 žlica začimb za perutnino
- Sol
- Sveže mleti črni poper
- 1 cel piščanec [3 do 4 funte], očiščen in brez drobovja

NAVODILA:
a) V veliki skledi zmešajte oljčno olje, limonin sok, limetin sok, čebulo, meto, peteršilj, origano, začimbe za perutnino ter nekaj soli in popra po okusu. Piščanca položite v skledo in ga obrnite na plašč.
b) V votlino položite kos čebule. Pokrijte skledo in piščanca marinirajte v hladilniku 12 do 24 ur.
c) Pečico segrejte na 425 stopinj F. Piščanca pokritega pecite 1 uro in pol ali dokler vrh ne postane zlato rjav in ko stegna stečejo sokovi, ko jih prebodete z vilicami. Odstranite iz pečice. Pustimo počivati 10 minut.
d) Postrežemo toplo.

48. Ocvrt nilski ostriž [Samak Bulti Ma'li]

SESTAVINE:
- 4 funte nilskega ostriža ali druge sveže bele ribe [majhne cele očiščene ribe ali izkoščeni fileji]
- 2 limoni, 1 iztisnjen sok, 1 narezana na tanke rezine
- 8 strokov česna, sesekljan
- Sveže mleti črni poper, po okusu
- 4 žlice stisnjenega koruznega olja
- 1 žlica mlete kumine
- ½ skodelice večnamenske moke Sol po okusu
- 2 žlici olivnega olja
- 1 šopek svežega peteršilja, sesekljan

NAVODILA:
a) Ribe sperite in jih položite v veliko plitvo skledo za mariniranje. V majhni skledi zmešajte limonin sok, česen, nekaj popra, 2 žlici koruznega olja in kumino.
b) Z mešanico prelijemo ribe, pokrijemo skledo in mariniramo 30 minut.
c) Na krožnik stresemo moko. Ribe odstranite iz marinade in potresite v moki. Odvečno otresite in položite na velik krožnik. Vsako stran ribe začinite s soljo.
d) V veliki, težki ponvi na srednjem ognju segrejte oljčno olje. Dodajte ribe v ponev in kuhajte vsaj 5 minut, preden jih obrnete.
e) Ko je spodnja stran zlata, obrnite in pecite na drugi strani še 5 minut oziroma dokler riba ni pečena. [Cele ribe bodo potrebovale dlje, odvisno od njihove velikosti.]
f) Ko je riba pečena, jo prestavimo na topel servirni krožnik in okrasimo z rezinami limone in peteršiljem.

STRANSKA JED

49. Artičoke z omako iz kopra [Kharshuf bi Shabbat]

SESTAVINE:
- 12 otroških artičok
- Sol po okusu
- Sok 2 limon
- 3 žlice oljčnega olja
- 1 žlica dijonske gorčice
- ¼ skodelice svežega kopra, drobno sesekljanega
- Sveže mleti črni poper po okusu

NAVODILA:
a) Artičoke očistite tako, da jih namočite v vodo in vodo menjate, dokler po namakanju ni bistra. Artičokam potrgajte zunanje liste.
b) S kuhinjskimi škarjami odrežite vrhove preostalih listov artičoke, tako da bo vrh artičoke enake višine. Odstranite trnasto dušilko iz sredine. Na tej stopnji mora biti artičoka podobna cvetu.
c) Artičoke dajte v večjo ponev, dodajte nekaj soli, pokrijte z vodo in zavrite na srednje močnem ognju. Ko artičoke začnejo vreti, zmanjšajte toploto na srednjo temperaturo in nadaljujte s vrenjem artičok, dokler niso mehke.
d) Artičoke odcedimo in položimo na majhen servirni krožnik. V mešalnik dajte limonin sok, olivno olje, dijonsko gorčico in koper. Zmešajte skupaj, da nastane vinaigrette, ter začinite s soljo in poprom po okusu. Artičoke prelijemo s prelivom.
e) Postrezite toplo ali pri sobni temperaturi.

50.Polnjeni listi vinske trte [Wara' El Aghnib]

SESTAVINE:
- ½ funta svežih listov vinske trte ali 1 [8 unč] kozarec konzerviranih listov vinske trte, odcejenih
- 1 skodelica egipčanskega ali drugega kratkozrnatega riža
- ⅓ skodelice svežega kopra, drobno sesekljanega
- ⅓ skodelice svežega peteršilja, drobno sesekljanega
- ⅓ skodelice svežih metinih listov, drobno sesekljanih
- 1 skodelica konzerviranih sesekljanih paradižnikov, odcejenih
- 1 srednje velika rumena čebula, naribana
- ¼ skodelice stisnjenega koruznega olja
- 1 čajna žlička soli
- ½ čajne žličke sveže mletega črnega popra
- Ščetek čilija v prahu
- 1 čajna žlička mlete kumine
- Sok 1 limone

NAVODILA:
a) Liste vinske trte položite v veliko skledo. Prelijemo z vrelo vodo in pustimo stati 10 minut. Liste trte odcedimo. Liste položite na delovno površino z žilami navzgor. Odrežite odvečni kos stebla z dna vsakega lista.

b) V srednji skledi zmešajte riž, zelišča, ¾ skodelice paradižnika, čebulo, koruzno olje, sol, poper, čili v prahu in kumino. Na sredino lista položimo 1 žlico nadeva. Nadev oblikujte tako, da bo po širini lista podoben širini svinčnika. Ohlapno zvijte list navzgor, začnite od spodaj. Sproti potiskajte stranice lista in naredite ovojnico. Listov ne zvijajte premočno, sicer se bo strgal, ko se bo riž kuhal in razširil v notranjosti. Nadaljujte s preostalimi listi.

c) Polnjene liste vinske trte položite s šivi navzdol, enega poleg drugega v težko ponev. Nadevani listi naj se med seboj dotikajo in se brez presledkov prilegajo v pekač. Po potrebi ponovite drugo plast na vrhu. Na nadevane liste v ponvi položimo obrnjen krožnik, da ne narastejo. Liste prelijte z vrelo vodo, dokler niso skoraj, vendar ne popolnoma pokriti.

d) V ponev dodajte preostalo ¼ skodelice paradižnika, nekaj soli in popra ter limonin sok. Ponev pokrijte in dušite na majhnem ognju,

dokler riž ni popolnoma kuhan in listi zmehčani, približno 1 do 1 uro in pol.
e) Če želite preveriti pečenost polnjenih listov vinske trte, enega prelomite na pol in poskusite.
f) Postrezite toplo ali pri sobni temperaturi.

51.Egiptovski riž [Roz]

SESTAVINE:
- 1 čajna žlička prečiščenega masla [ghee]
- 1 skodelica egipčanskega ali drugega kratkozrnatega riža
- 1¾ skodelice zelenjavne ali piščančje juhe
- ¼ čajne žličke soli ali po okusu

NAVODILA:
a) V srednji ponvi stopite prečiščeno maslo na zmernem ognju.
b) Dodamo polovico riža, enkrat premešamo in kuhamo še 2 do 3 minute, dokler riž ne postekleni. Dodamo preostali riž, osnovo in sol.
c) Premešamo, da se dobro premeša in zavremo. Zmanjšajte toploto na nizko in lonec pokrijte s pokrovom, ki se tesno prilega.
d) Kuhajte 15 do 20 minut oziroma dokler se vsa tekočina ne vpije. Pred serviranjem pustite stati 5 minut.

52. Ocvrti jajčevci s česnovim prelivom [Bittingan Ma'li bil Toum]

SESTAVINE:

- 3 dolgi, vitki japonski jajčevci
- Sol
- 3 skodelice stisnjenega koruznega olja
- 10 strokov česna, mletega
- ¼ skodelice destiliranega belega kisa
- 1 žlica mletega koriandra
- 1 žlica svežega peteršilja, sesekljanega

NAVODILA:

a) Jajčevcem odrežemo vrhove, jih razpolovimo po dolžini in nato še po širini. Položimo jih v cedilo, potresemo s soljo in pustimo stati eno uro. Izperite jih in dobro posušite.
b) V veliki ponvi ali cvrtniku segrejte olje na srednje močnem ognju, dokler ne doseže približno 325 stopinj F. Jajčevce položite v olje in jih cvrete 3 do 5 minut na vsako stran ali dokler ne porjavijo. Odstranite z žlico z režami in položite na krožnik, obložen s papirnatimi brisačami, da se odcedijo.
c) Medtem v majhno ponev na zmernem ognju damo česen, beli kis in koriander. Zavremo in kuhamo toliko časa, da skoraj vsa tekočina izhlapi.
d) Prenesite jajčevce na servirni krožnik. Po vrhu z žlico prelijemo česnov preliv in potresemo s svežim peteršiljem. Okusite in po potrebi prilagodite sol.
e) Postrezite takoj.

53.Dušena bamija in paradižnik [Bamya Matbukh]

SESTAVINE:
- 2 čajni žlički prečiščenega masla [ghee] ali stisnjenega koruznega olja
- 1 srednje velika rumena čebula, drobno sesekljana
- 3 skodelice sveže ali zamrznjene okra
- 2 skodelici zelenjavne, piščančje ali mesne juhe
- ½ skodelice sesekljanega paradižnika
- 1 čajna žlička posušenega divjega timijana, zataarja, 3 ali posušenega origana
- Sol
- Sveže mleti črni poper

NAVODILA:
a) V srednji ponvi na srednjem ognju stopite prečiščeno maslo.
b) Dodamo čebulo, premešamo in pražimo, dokler ne postekleni. Dodajte okra in premešajte, da se združi. Dodamo osnovo, paradižnike, timijan ter sol in poper po okusu.
c) Mešanico zavrite na močnem ognju in nato zmanjšajte toploto na nizko.
d) Premešajte, pokrijte in pustite vreti 20 minut ali dokler se bamija ne zmehča.
e) Okusite in po potrebi prilagodite začimbe. Postrezite toplo.

SOLATE

54. Citrusna solata iz zelenega fižola [Fasoulea bi Limoon]

SESTAVINE:
- 1 funt stročjega fižola z obrezanimi konicami
- 2 žlici olivnega olja
- Sok in naribana lupinica 1 limone
- 1 žlica drobno sesekljanega svežega peteršilja
- 1 žlica drobno sesekljane sveže mete
- 1 žlica drobno sesekljanega svežega origana ali timijana
- Sol
- Sveže mleti črni poper

NAVODILA:

a) Postavite stročji fižol z vodo, da ga pokrijete, v veliko ponev na srednji vročini. Zavremo, zmanjšamo toploto na nizko in pustimo vreti, odkrito, dokler se ne zmehča, približno 15 minut.

b) Odstranite z ognja, odcedite in postavite v veliko skledo, polno ledene vode. Pustite stati 5 minut.

c) V manjšo skledo dajte oljčno olje, naribano limonino lupinico, limonin sok, peteršilj, meto, origano ali timijan ter nekaj soli in popra po okusu. Dobro premešajte, da se združi.

d) Stročji fižol odcedimo in prelijemo s prelivom. Prelijemo na servirni krožnik.

55. Solata iz čičerike, paradižnika in tahinija [Salata Hommus bil Tomatum wa Tahina]

SESTAVINE:

- 2 skodelici konzervirane čičerike, oprane in odcejene
- 1 skodelica češnjevih ali grozdnih paradižnikov
- ¼ skodelice svežega peteršilja, drobno sesekljanega
- Sok 1 limone
- 2 žlici tahinija
- ¼ čajne žličke soli
- Sveže mleti črni poper po okusu

NAVODILA:

a) Na srednje velikem servirnem krožniku zmešajte čičeriko, paradižnik in peteršilj.
b) V manjšo skledo nalijte limonin sok, dodajte tahini, sol in poper ter močno mešajte in dodajte nekaj žlic vode naenkrat, da nastane gladka
c) kremasti preliv. Preliv prelijemo čez solato in dobro premešamo, da se poveže. Postrezite pri sobni temperaturi.

56.Pastirska solata [Salata bil Gebnit al Ma'iz]

SESTAVINE:
- 1 šop zelene solate, rukole ali različnih zelišč
- 4 unče svežega kozjega sira, zdrobljenega
- ½ skodelice naribanega korenja
- 2 majhni [približno 5 centimetrov dolgi] kumari ali ½ 1 velike kumare, narezane na kocke
- Pest datljev, izkoščičenih in prerezanih na pol
- ½ skodelice zamrznjene koruze, odmrznjene soli
- Sveže mleti črni poper
- 4 čajne žličke ekstra deviškega oljčnega olja
- Sok 1 limone

NAVODILA:
a) Na velik servirni krožnik položite solato, rukolo ali izbrana zelišča.
b) Na vrh dajte kozji sir, korenje, kumare, datlje in koruzo.
c) Po vrhu solate potresemo ščepec soli in popra.
d) Naredite preliv tako, da v majhni skledi stepete oljčno olje z limoninim sokom.
e) Pokapljamo po solati in postrežemo.

57. Solata z rukolo [Salata bil Gargeer]

SESTAVINE:
- 3 šopki sveže rukole
- Sok 3 limon
- ¼ skodelice ekstra deviškega oljčnega olja
- Sol
- Sveže mleti črni poper

NAVODILA:
a) Rukolo dobro operemo tako, da jo damo v veliko skledo vode in pustimo nekaj minut namakati. Rukolo odcedimo, posodo splaknemo z vodo in ponovno namočimo.
b) Nadaljujte z odcejanjem in namakanjem, dokler voda ne ostane bistra. To lahko traja več kot 10 ločenih namakanj, ker se na rukoli nabira pesek in umazanija.
c) Rukolo temeljito osušite in jo naložite na krožnik. V srednje veliki skledi zmešajte limonin sok in olivno olje, da dobite rahel preliv.
d) Preliv po okusu začinimo s soljo in poprom ter prelijemo čez rukolo.

58. Solata iz jajčevcev z melaso iz granatnega jabolka
[Salata Ruman bil Dabs Ruman]

SESTAVINE:
- 2 japonska jajčevca [približno 8 palcev v dolžino in 2 palca v širino]
- Sol
- 2 velika, zrela paradižnika
- 2 žlici olivnega olja
- 1 majhna rumena čebula, sesekljana
- 2 stroka česna, sesekljan
- 2 žlici drobno narezanih svežih metinih listov
- 2 žlici svežega peteršilja, drobno sesekljanega
- 1 žlica sladkorja
- 1 žlica destiliranega belega kisa
- 3 žlice melase iz granatnega jabolka
- Sveže mleti črni poper

NAVODILA:
a) Jajčevcem odrežite vrhove in dna, jih po dolžini razpolovite in položite v cedilo v korito. Potresemo jih s soljo in pustimo stati 1 uro. Sperite sol in posušite. Jajčevce narežemo na kocke in odstavimo.
b) Lonec do treh četrtin napolnite z vodo in na močnem ognju zavrite. Dodajte paradižnike in kuhajte 1 do 2 minuti, dokler se njihove lupine ne razcepijo. Paradižnike odcedimo in potopimo v posodo s hladno vodo. Ko je dovolj ohlajen za rokovanje, paradižnike z rokami olupimo in narežemo na kocke.
c) V veliki ponvi na zmernem ognju segrejte olivno olje. Dodamo čebulo in česen ter pražimo, dokler čebula ne postekleni. Dodamo jajčevce, paradižnik, meto, peteršilj, sladkor in kis. Premešamo, zmanjšamo ogenj na srednje nizko in pustimo vreti 20 minut. Vmešajte melaso iz granatnega jabolka in kuhajte še dve minuti oziroma dokler se jajčevci ne zmehčajo.
d) Okusite ter po potrebi dodajte sol in poper.

59. Solata z grozdjem in ocvrtimi feta kroglicami
[Salata bil Aghnib wa Gebna Makleyah]

SESTAVINE:
- 1 glava zelene solate
- 1 skodelica rdečega grozdja brez pečk
- ¼ skodelice ekstra deviškega oljčnega olja Sok 1 limone
- 1 čajna žlička vode pomarančnih cvetov
- Sol po okusu
- Sveže mleti črni poper po okusu
- 1 skodelica feta sira, dobro odcejenega in zdrobljenega
- ¼ skodelice plus 1 žlica večnamenske moke
- 1 veliko jajce
- 2 skodelici rastlinskega ali oljne repice za cvrtje

NAVODILA:
a) Solato narežite na majhne koščke in jo položite v večjo skledo ali na servirni krožnik. Vmešajte grozdje in pustite na stran.
b) Naredite preliv tako, da v majhno skledo vlijete oljčno olje. Vmešajte limonin sok in vodo pomarančnih cvetov ter začinite s soljo in poprom po okusu.
c) V drugi majhni skledi zmešajte feta sir, 1 žlico moke, jajce in nekaj popra. Pretlačite z vilicami in nato z rokami dokončajte mešanje sestavin. Za velike kroglice odlomite 1-palčne kose mešanice sira in jih razvaljajte v 12 kroglic velikosti žogic za golf; za izdelavo manjših kroglic uporabite balirko za melone.
d) Na krožnik nasujte ¼ skodelice moke in kroglice sira povaljajte v moki za premaz. Odvečno otresite in položite na krožnik. V veliki, globoki ponvi segrejte rastlinsko ali oljno olje. Ko je olje približno 375 stopinj F, je pripravljeno. Kroglice previdno spustite v olje, ne da bi jih stisnili. Ne dovolite, da se dotikajo drug drugega. Kroglice obrnite, ko so spodnje polovice rjave, približno 5 minut. Če se ne obračajo zlahka, počakajte še nekaj sekund. Če se zlahka obračajo, je to znak, da so pripravljeni na obračanje. Cvremo še druge strani, da se kroglice enakomerno obarvajo. Odstranite iz olja z žlico z režami in odcedite na papirnatih brisačah.
e) Feta kroglice razporedite po vrhu solate. Preliv pokapajte po solati in po okusu začinite s soljo in sveže mletim črnim poprom. Postrežemo toplo.

60. Solata iz mešanice zelišč in mlade čebule [Salata Khadra bil Bassal]

SESTAVINE:
- 1 šopek svežega peteršilja
- 1 šopek svežega cilantra
- 1 šopek sveže mete
- 2 šopka mlade čebule
- Sok 1 limone
- Sok 1 limete
- ¼ skodelice ekstra deviškega oljčnega olja Ščepec soli
- Ščepec sveže mletega črnega popra
- Ščep mlete kumine

NAVODILA:
a) Odrežite stebla peteršilja, cilantra in mete; potopite jih v veliko skledo in pokrijte z vodo.
b) Odcedite in nadaljujte s potapljanjem zeliščnih listov v čisto vodo, dokler niso čisti in ne puščajo ostankov na dnu posode [to lahko traja do sedem pranj]. Posušite liste in jih položite na velik servirni krožnik.
c) Mlade čebule odrežite konce in jih položite na gredico z zelišči.
d) V majhni skledi zmešajte limonin in limetin sok. Vmešajte olivno olje, da dobite gladek preliv. Prelivu dodajte sol, poper in kumino ter dobro premešajte, da se združi.
e) Prelijemo po solati in postrežemo.

JUHA

61.Juha iz pire bučk [Shorbat Koosa]

SESTAVINE:
- 2¼ funtov bučk, odstranjenih koncev in narezanih
- 2 skodelici goveje, piščančje ali zelenjavne juhe
- 1 skodelica polnomastnega mleka
- Sol po okusu
- Sveže mleti črni poper po okusu

NAVODILA:
a) V veliko ponev dajte bučke, osnovo in mleko ter na močnem ognju zavrite.
b) Zmanjšajte toploto na srednje nizko in pokrito dušite, dokler se bučke ne zmehčajo, približno 5 minut.
c) Odstranite z ognja in mešanico pretlačite v pire s potopnim mešalnikom; ali pa jo vlijemo v mešalnik, pokrijemo, odstranimo sredinski izliv na sredini pokrova in čez luknjo držimo kuhinjsko krpo. Pretlačite juho do gladkega.
d) Juho vrnemo v ponev in po okusu začinimo s soljo in sveže mletim poprom.
e) Na srednjem ognju kuhajte 3 do 5 minut oziroma dokler se juha dodobra ne segreje. Postrežemo toplo.

62. Židovska slezova juha [Shorbat Maloukhiya]

SESTAVINE:
- 4 skodelice piščančje juhe
- 1 [14 unč] paket zamrznjene maloukhiye
- Sol
- Sveže mleti črni poper
- 1 žlica prečiščenega masla [ghee]
- 6 strokov česna, mletega
- 1 čajna žlička mletega koriandra

NAVODILA:
a) V srednji ponvi zavrite piščančjo osnovo.
b) Dodajte zamrznjeno maloukhijo ter nekaj soli in popra po okusu. Ponovno zavrite, zmanjšajte toploto na nizko in pustite vreti 5 minut.
c) V majhni ponvi na srednjem ognju stopite prečiščeno maslo.
d) Dodajte česen in koriander ter kuhajte nepokrito, dokler se česen ne obarva.
e) V juho vmešamo česnovo zmes, okusimo ter po potrebi dosolimo in popopramo. Postrezite toplo.

63. Čičerikina juha z Zataar krutoni [Shurba bil Hommus]

SESTAVINE:
JUHA:
- 1 skodelica posušene čičerike, namočene čez noč, ali čičerike v pločevinkah, oprane in dobro odcejene
- 1 srednje velika rumena čebula, narezana na tanke rezine
- Sok 1 limone
- 1 čajna žlička mlete kumine
- Sol po okusu
- Sveže mleti črni poper po okusu

KRUTONI:
- 1 [6-palčni] pita kruh, narezan na 1-palčne kvadrate
- 2 žlici olivnega olja
- 1 čajna žlička zataarja ali posušenega timijana

NAVODILA:
a) Čičeriko dajte v veliko ponev ali lonec s 6 skodelicami vode in rezinami čebule.
b) Ponev pokrijte in dušite na srednje nizkem ognju, dokler se čičerika ne zmehča, približno 5 minut za konzervirano ali 1 uro za posušeno čičeriko.
c) Odstranite ogenj in mešanico previdno vlijte v mešalnik. Dodamo limonin sok, kumino ter nekaj soli in popra. Dobro mešajte, dokler ne nastane pire.
d) Zmes vrnite v lonec. Okusite in po potrebi prilagodite sol. Če je juha pregosta, vmešamo nekaj žlic vode. Dušite na majhnem ognju, dokler ni pripravljen za serviranje.
e) Za pripravo krutonov: Predgrejte pečico. Kruh položite na pekač. Kose kruha premažite z oljčnim oljem in potresite z zatarjem ali timijanom. Položite pod pitovne piščance in na vsaki strani popecite do rahlo zlate barve, približno 2 minuti na stran. Odstranite iz pečice in kruh enakomerno razdelite v jušne sklede.
f) Juho prelijemo čez krutone in postrežemo.

64. Jagnječja juha in orzo juha [Shorba bi Lissan al Asfoor]

SESTAVINE:
- 2 zrni črnega popra
- 1 cimetova palčka
- 2 kosa jagnjetine s kostjo
- 1 čebula, grobo sesekljana
- 1 korenček, grobo narezan
- 1 palčka zelene, grobo sesekljane
- 2 žlici soli ali po okusu
- 2 skodelici orza
- Sok 1 limone
- Pest svežega peteršilja, drobno sesekljanega

NAVODILA:
a) Za pripravo jagnječje juhe: 8-litrski lonec do treh četrtin napolnite z vodo.
b) V lonec dodamo poper v zrnu, cimetovo palčko, jagnjetino, čebulo, korenček in zeleno. Solimo, premešamo in na močnem ognju zavremo. Z žlico z režami odstranite pene z vrha, ko se oblikujejo.
c) Ko voda zavre, zmanjšajte ogenj na nizko, pokrijte in pustite vreti 2 do 3 ure. Precedite juho v drug lonec in zavrzite začimbe in zelenjavo. Meso olupite s kosti in ga narežite na majhne koščke.
d) Dodajte na zalogo. [Na tej točki je lahko zaloga v hladilniku do enega tedna ali zamrznjena do enega meseca.]
e) Pečico segrejte na 350 stopinj F. Orzo položite na pekač in ga prepražite v pečici ter 2- ali 3-krat premešajte, dokler orzo ni zlato rjav. Odstranite iz pečice in postavite na stran.
f) Zalogo ponovno zavrite na močnem ognju. Okusite in po potrebi dodajte več soli. Vlijemo popečen orzo, zavremo in nato zmanjšamo ogenj na nizko. Juho med občasnim mešanjem kuhajte približno 10 minut, dokler ni orzo mehak, vendar ne preveč mehak. Odstavite z ognja, vmešajte limonin sok, poskusite ter po potrebi dodajte sol in poper.
g) Prenesite v jušno juho ali posamezne jušne sklede, potresite s peteršiljem in postrezite vroče.

65. Vermicelli, meso in paradižnikova juha [Shorbat bil Sharleya, Lahma, wa Tomatum]

SESTAVINE:
- 2 srednje velika paradižnika
- 1 žlica nesoljenega masla
- 1 srednja rumena čebula, narezana na kocke
- 1 srednje velik korenček, narezan na kocke
- 1 steblo zelene, narezano na kocke
- 1 funt mlete govedine
- ½ čajne žličke mletega pimenta
- ½ čajne žličke mlete kumine
- ½ čajne žličke mletega muškatnega oreščka Sol po okusu
- Sveže mleti črni poper po okusu
- 4 skodelice goveje ali piščančje juhe
- 1 skodelica vermicelli
- Sok 1 limete

NAVODILA:
a) Veliko ponev do treh četrtin napolnite z vodo in zavrite. Dodajte paradižnik in kuhajte 1 do 2 minuti ali dokler lupina ne začne pokati.
b) Paradižnike odcedimo in potopimo v skledo z ledeno mrzlo vodo. Ko je paradižnik dovolj ohlajen, ga olupimo, prerežemo na pol, odstranimo semena in narežemo na kocke.
c) V velikem loncu na srednjem ognju stopite maslo. Dodajte čebulo, korenje in zeleno. Pražite 5 do 7 minut ali dokler čebula ne postekleni.
d) Dodajte govedino in rjavo, občasno premešajte in meso narežite na drobne koščke. Vmešajte piment, kumino, muškatni oreščekter nekaj soli in sveže mletega popra po okusu.
e) Dodajte paradižnik, osnovo in 4 skodelice vode. Povečajte temperaturo in zavrite, pri čemer posnamete peno, ki se pojavi na vrhu juhe. Ogenj zmanjšamo na nizko, pokrijemo in pustimo vreti 20 minut.
f) Odstranite pokrov, premešajte in dodajte vermicelli. Dušite, odkrito, dokler se vermicelli ne zmehčajo. Okusite in po potrebi prilagodite sol in poper. V juho stisnite limetin sok in premešajte. Postrezite toplo.

SLADICA

66.Piškotki Date Dome [Ma'moul]

SESTAVINE:
POLNJENJE DATUMOV:
- ½ funta posušenih datljev brez koščic
- 2 žlici masla
- 1 čajna žlička vode pomarančnih cvetov

TESTO ZA PIŠKOTE:
- 1 skodelica nesoljenega masla pri sobni temperaturi
- 1½ skodelice sladkorja
- 2 žlički svežega pomarančnega ali limoninega soka
- 1 čajna žlička vode pomarančnih cvetov
- 1 veliko jajce
- ½ čajne žličke mletih češnjevih jedrc [mahlab] [neobvezno]
- 3 skodelice nebeljene, večnamenske moke
- 1 skodelica finega zdroba
- ½ čajne žličke soli Slaščičarski sladkor za posipanje

NAVODILA:
a) Pečico segrejte na 350 stopinj F. Stojala postavite na sredino pečice. Dva dvojna zračna ali kamnita pekača za piškote obložite s silikonskimi podlogami ali pergamentnim papirjem.

b) Pripravite datljev NADEV: v kuhinjskem robotu zmešajte datlje, maslo in vodo pomarančnih cvetov. Utripajte in izklapljajte, dokler polnilo ne dobi pastozne konsistence. Dati na stran.

c) Pripravite TESTO: Zmešajte maslo in sladkor v veliki skledi ter smetano do svetlo rumene barve, približno 3 do 5 minut. Dodajte pomarančni ali limonin sok in vodo pomarančnih cvetov; dobro premešamo in nato dodamo jajce ter ponovno dobro premešamo. Dodajte češnjeva jedrca, če jih uporabljate, in premešajte, da se združijo.

d) V ločeni veliki skledi zmešajte moko, zdrob in sol. Masleni mešanici počasi dodajajte mešanico moke. Mešajte dokler ne nastane gladko testo in ga nato oblikujte v kroglo.

e) Za sestavljanje ma'moula: Določite velikost kalupa, ki ga uporabljate. Za velik kalup razlomite testo na 2-palčne kose. Za majhen kalup razlomite testo na 1½-palčne kose. Testo razvaljajte v kroglice med dlanmi.

f) Vsako kroglico sploščite in na sredino vsakega kroga položite 1 čajno žličko mešanice datljev. Testo raztegnemo, da pokrijemo nadev in zvaljamo v kroglice. Eno izmed kroglic testa položimo v model za piškote. Potisnite ga v model, dokler ni poravnan z modelom in zapolni ves prostor. Primite palico modela in z vratom s piškotkom, obrnjenim stran od sebe, udarite po trdi površini, da odstranite testo za piškote.
g) Na pekač za piškote položite stran z motivom navzgor. Ponovite s preostalim testom. Piškotke lahko postavite na razdalji ½ palca drug od drugega, saj se ne razlezejo.
h) Pečemo približno 20 minut in ne pustimo, da vrhovi piškotov porjavijo. Odstranite iz pečice in prelijte s presejanim slaščičarskim sladkorjem.
i) Pustite, da se piškoti ohladijo na pekačih za piškote na rešetki.

67. Datum Haroset [Agwa]

SESTAVINE:
- 1 funt datljev brez koščic
- 3 žlice datljeve ali figove marmelade

NAVODILA:
a) Datlje položite v večjo skledo in jih prelijte z vrelo vodo. Pustite stati, dokler se ne zmehča, najmanj 2 uri ali čez noč.
b) Datlje odcedimo in damo v kuhinjski robot skupaj s figovo ali datljevo marmelado.
c) Utripajte in izklapljajte, dokler pasta ni gladka in temna. Če se pasta zdi pregosta, dodajte nekaj žlic vode, eno za drugo, da jo razredčite.

68.Egiptovski funt kolač [Torta]

SESTAVINE:
- 1 skodelica nesoljenega masla pri sobni temperaturi
- 1 skodelica sladkorja
- Naribana lupina 1 pomaranče
- 1 čajna žlička vanilijevega ekstrakta
- 4 velika jajca, penasto stepena
- ½ skodelice navadnega polnomastnega grškega jogurta
- 1¾ skodelice nebeljene večnamenske moke
- 2 žlički pecilnega praška

NAVODILA:
a) Pečico segrejte na 350 stopinj F. Postavite stojalo na sredino pečice.
b) 10-palčni pekač za štruce namažite z maslom in pomokajte.
c) V veliki skledi zmešajte maslo, sladkor, pomarančno lupinico in vanilijo ter stepajte, dokler se vse ne zmeša in postane svetlo. Dodajte jajca v masleno mešanico v 4 delih, po vsakem dodatku dobro stepite. Vmešajte jogurt.
d) V zmes presejemo moko in pecilni prašek. Dobro premešajte, da se testo poveže, in ga vlijte v pripravljen pekač. Pecite 40 do 45 minut ali dokler zobotrebec, zaboden v sredino, ne izstopi čist. Odstranite torto iz pečice in pustite, da se popolnoma ohladi.
e) Torto obrnemo iz pekača. Če torta ne pride zlahka ven, z nožem za maslo previdno zapeljite po vseh robovih in jo nežno dvignite, da pride ven.
f) Narežite na 1 cm debele rezine in postrezite.

69. Tradicionalni bajramski piškoti [Kahk a L'Eid]

SESTAVINE:
- 5 skodelic nebeljene, večnamenske moke
- 1 žlica sezamovih semen
- 1 skodelica prečiščenega masla [ghee]
- 1 skodelica mleka
- ¼ čajne žličke soli
- ½ žlice aktivnega suhega kvasa
- 1½ žlice pecilnega praška
- ½ čajne žličke rožne vode21
- ½ čajne žličke mandljevega ekstrakta
- ½ čajne žličke mletega cimeta
- ½ čajne žličke mletih nageljnovih žbic
- ½ čajne žličke mletega ingverja
- ½ skodelice slaščičarskega sladkorja, za okras

NAVODILA:

a) Pečico segrejte na 350 stopinj F. 2 pekača obložite s pergamentnim papirjem ali silikonskimi podlogami. V veliko skledo stresemo moko in v sredini naredimo jamico. V jamico potresemo sezamova semena. Prečiščeno maslo segrevajte v majhni ponvi na zmernem ognju, dokler ne začne vreti. Odstranite z ognja in z leseno žlico previdno vmešajte v moko. Mešajte, dokler se sestavine dobro ne premešajo in mešanica moke ohladi.

b) V ločeni skledi zmešajte mleko, sol, kvas, pecilni prašek, rožno vodo, mandljev ekstrakt, cimet, nageljnove žbice in ingver. V testo dodajajte mlečno mešanico po ¼ skodelice naenkrat in dobro premešajte, da se po vsakem dodajanju meša. Ko vmešamo vso mlečno zmes, oblikujemo testo v kepo in jo stresemo na rahlo pomokano površino ter gnetemo 5 do 10 minut.

c) Odlomite majhne koščke testa in jih razvaljajte, da oblikujete 2-palčne kroglice. Na pekač položite kroglice na razdalji 1 cm. Vrhove rahlo sploščite in z ma'alitom ali vilicami naredite 3 ali 4 vrstice vdolbin po vrhu piškotkov. Pecite oba lista piškotov enega poleg drugega 14 do 18 minut ali dokler ne postanejo svetlo zlate barve. Vzamemo iz pečice in piškote previdno prestavimo na rešetke, da se ohladijo. Nadaljujte s preostalim testom. Piškote potresemo s slaščičarskim sladkorjem.

70. Piškoti z asuanskim datljem [Biskoweet bil Agwa min Aswan]

SESTAVINE:
TESTO ZA PIŠKOTE:
- 2 palčki [1 skodelica] nesoljenega masla, sobne temperature [ovitke rezervirajte za mazanje pekačev]
- ½ skodelice sladkorja
- 1 veliko celo jajce
- 2 velika rumenjaka
- 1 čajna žlička čistega vanilijevega ekstrakta
- 1 skodelica zdroba
- 1½ skodelice nebeljene večnamenske moke
- Ščepec soli

POLNJENJE DATUMOV:
- 2½ funta datljev brez koščic
- 1 čajna žlička mletega cimeta
- 2 žlici nesoljenega masla sobne temperature

PRELIV:
- 1 rumenjak zmešamo z žličko vode
- ¼ skodelice sezamovih semen [neobvezno]

NAVODILA:
a) V skledi električnega mešalnika, opremljenega z nastavkom za lopatice, stepemo maslo in sladkor; dodajte celo jajce, rumenjake in vanilijo ter dobro premešajte. Pri nizki hitrosti mešalnika počasi vlijemo zdrob, moko in sol. Nadaljujte z mešanjem, dokler se testo ne združi. Testo zavijte v plastično folijo in ohladite 1 uro.

b) Namastite dva pekača in segrejte pečico na 375 stopinj F. Naredite nadev tako, da v kuhinjskem robotu zmešate datlje, cimet in maslo. Utripajte in izklapljajte, dokler ne nastane pasta. Če se vam zmes zdi pregosta, dodajte nekaj žlic vode, da dobite gladko pasto.

c) Ko se testo ohladi, ga z valjarjem na rahlo pomokani delovni površini razvaljajte v pravokotnik 10x15 palcev. Naredite 4 enakomerno razmaknjene navpične črte navzdol po pravokotniku.

d) Naredite 3 vodoravne črte, ki gredo čez pravokotnik, tako da dobite 12 kosov enake velikosti.

e) Sredino vsakega kosa napolnite z 1 zvrhano žlico datljeve mešanice. S pomočjo namiznega strgala/rezalnika za pecivo dvignite robove testenih kvadratov okoli vrha nadeva in jih prevrnite, da jih pokrijete. Zaprite robove in pustite konce izpostavljene. Ko so vsi napolnjeni, vsakega prerežite na pol in položite 1 cm narazen na pekač.

f) Vrhove piškotov premažite z jajčno pasto in potresite s sezamovimi semeni.

g) Pečemo 25 do 30 minut do zlato rjave barve. Pustite, da se ohladi na piškotnih ploščah. Piškote hranite v npredušni posodi na sobni temperaturi do 2 dni.

71. Bajramski piškoti z medom [Kahk bil Agameya]

SESTAVINE:
POLNJENJE:
- 4 žlice prečiščenega masla [ghee]
- 4 žlice nebeljene, univerzalne moke
- 1 skodelica medu iz pomarančnih cvetov
- 4 žlice sesekljanih orehov ali datljev po želji

TESTO:
- 1 čajna žlička sladkorja
- 2 žlički aktivnega suhega kvasa
- 7 skodelic nebeljene, večnamenske moke, presejane z 1 čajno žličko soli
- 1 čajna žlička mletega cimeta
- 1 čajna žlička mletih nageljnovih žbic
- 1 čajna žlička mletega ingverja
- 2 skodelici prečiščenega masla [ghee]
- 1 skodelica slaščičarskega sladkorja za preliv

NAVODILA:
a) Za pripravo NADEVA: V veliki ponvi na srednjem ognju stopite prečiščeno maslo. Dodamo moko in mešamo z leseno žlico, dokler zmes ne spremeni barve. Odstranite z ognja in vmešajte med ter dobro premešajte, da se meša. Ponev vrnite na ogenj in nadaljujte z mešanjem, dokler se zmes ne zgosti, približno 10 do 20 minut.

b) Odstavite z ognja, po želji vmešajte oreščke ali datlje in pustite, da se popolnoma ohladi. Ko se zmes ohladi, odlomite zelo majhne koščke nadeva in jih zvaljajte v kroglice velikosti graha. Položite na list voščenega papirja ali plastično folijo, dokler niste pripravljeni za polnjenje piškotov.

c) Za pripravo TESTA: V majhni skledi raztopite sladkor v ¼ skodelice tople vode. Dodamo kvas in premešamo. Mešanico pustite stati 10 minut. V veliki skledi za mešanje zmešajte moko s soljo, cimetom, nageljnovimi žbicami in ingverjem ter v sredini naredite jamico. Prečiščeno maslo zavrite v srednje veliki ponvi na zmernem ognju.

d) Vlijemo v osrednjo jamico mešanice moke in premešamo, da vključimo sestavine, mešamo, dokler se zmes ne ohladi. Ko je testo popolnoma ohlajeno, vmešamo kvas.

e) 2 lista piškotov obložite s pergamentnim papirjem ali silikonskimi podlogami. Čisto delovno površino potresemo z dodatno moko. Testo zvrnemo na delovno površino in gnetemo 10 minut, dokler ni testo mehko in gladko. Odlomite 1-palčne kose testa in jih oblikujte v oblike jajc.
f) V sredino vsakega naredite luknjo in vstavite kroglico nadeva. Pokrijte luknjo in piškote oblikujte v kroglice.
g) Piškote položite 1 cm narazen na pripravljene piškotne liste. Na vrhu piškotkov naredite 3 ali 4 vrste črt z vilicami ali ma'alitom. Piškote pokrijemo s kuhinjsko krpo in pustimo počivati 1 uro.
h) Pečico segrejte na 375 stopinj F. Piškote pecite 20 minut ali dokler niso strjeni. Odstranite iz pečice. Na vrh presejemo slaščičarski sladkor in pustimo, da se ohladi na pekačih.

72.Faraonova foie gras [Kibdet Firakh]

SESTAVINE:
- 2 skodelici [4 palčke] nesoljenega masla, pri sobni temperaturi, plus dodatek za namazanje posode
- 2 funta piščančjih jeter, narezanih
- 1 srednja čebula, narezana na tanke rezine
- 5 strokov česna, mletega
- 2 skodelici piščančje juhe
- Sok 1 limone
- 1 čajna žlička soli ali po okusu

OKRASI
- ⅓ skodelice svežih celih listov cilantra
- ⅓ skodelice svežih celih listov mete
- ⅓ skodelice svežih celih listov peteršilja
- ¼ skodelice polovic orehov
- 1 pol litra svežih fig, po želji prerezanih na pol

NAVODILA:
a) Posodo s 4 skodelicami sufleja ali pekač namažite z maslom. Posodo obložite s plastično folijo in plastično folijo premažite z maslom. V srednji ponvi zmešajte piščančja jetra, čebulo, česen in osnovo ter na močnem ognju zavrite. Zmanjšajte toploto na nizko, pokrijte in dušite, dokler se jetra ne skuhajo, približno 10 minut.

b) Odcedite tekočino za kuhanje in prenesite jetra, čebulo in česen v kuhinjski robot. Dodajte maslo, limonin sok in sol ter obdelujte, dokler niso gladke in vse sestavine enakomerno porazdeljene ter maslo popolnoma vključeno. Prenesite v pripravljeno posodo ali ponev, pokrijte in postavite v hladilnik čez noč ali dokler se ne strdi [najmanj 4 ure].

c) Postrežba: odkrijte posodo ali ponev in z nožem potegnite po robovih paštete, da se zrahlja. Na posodo za sufle postavite servirni krožnik in ga obrnite na glavo. Nežno odstranite plastično folijo. Po robovih krožnika razporedite koriander, meto in peteršilj. Vrh paštete okrasimo z orehi, po vrhu in okoli paštete pa razporedimo sveže fige. Postrežemo hladno.

73. Piškoti z zdrobom s češnjami [Biskoweet bil Smeed wa Kareez]

SESTAVINE:
- ½ skodelice zdroba
- ½ skodelice mletih mandljev
- ½ skodelice sladkorja
- ¼ čajne žličke mletega cimeta
- 1 beljak
- 10 češenj maraskina, prepolovljenih
- 2 žlici marelične marmelade

NAVODILA:
a) 2 lista piškotov obložite s pergamentnim papirjem ali silikonskimi podlogami. V skledi zmešamo zdrob, mandlje, sladkor in cimet. V ločeni skledi stepemo beljak, dokler ne nastanejo čvrsti vrhovi; vmešamo v mešanico moke. Testo razvaljajte v 1-palčne kroglice in jih položite vsaj 1 cm narazen na piškotne liste.
b) Na vsak piškot položimo polovico češnje in rahlo pritisnemo. Postavite v hladilnik za 1 uro, da se ohladi.
c) Pečico segrejte na 475 stopinj F. Pecite piškote v sredini pečice, dokler niso rahlo zlati, 8 do 10 minut. Marmelado damo v majhno ponev z žlico vode in kuhamo na srednjem ognju, dokler se ne stopi.
d) Precedimo skozi cedilo in namažemo vroče piškote.
e) Pustite, da se ohladi na pekačih; postrezite pri sobni temperaturi.

74. Kremni pomarančni puding [Mahallabayat Bortu'an]

SESTAVINE:
- 3 skodelice sveže iztisnjenega pomarančnega soka [približno 15 do 20 pomaranč]
- 3 žlice riževe moke
- 3 žlice koruznega škroba, raztopljenega v ¼ skodelice vode
- ¾ skodelice sladkorja ali po okusu
- Naribana lupina 1 pomaranče

NAVODILA:
a) V veliko ponev dajte pomarančni sok, riževo moko, mešanico koruznega škroba, sladkor in pomarančno lupino ter premešajte.
b) Na zmernem ognju zavremo in ob stalnem mešanju z leseno kuhalnico vremo dve minuti.
c) Zmanjšajte ogenj na nizko in pustite vreti, pogosto mešajte, dokler puding ne doseže polovice prvotne prostornine, med 10 in 20 minutami.
d) Ko se puding zgosti, počakajte, da se popolnoma ohladi, nato pa ga prestavite v veliko, prozorno servirno skledo ali posamezne posodice za puding.

75. Zdrobova torta z medenim sirupom [Basboosa]

SESTAVINE:
SIRUP:
- 1 limona
- 1 skodelica sladkorja
- 2 čajni žlički medu

ZDROBOVA TORTA:
- Nesoljeno maslo, za mazanje pekača
- 1½ skodelice zdroba
- ½ skodelice nebeljene večnamenske moke
- ½ skodelice sladkorja
- 1 čajna žlička pecilnega praška
- ¾ skodelice [1½ palčke] nesoljenega masla pri sobni temperaturi
- ½ skodelice navadnega polnomastnega jogurta
- Pest blanširanih mandljev, za okras

NAVODILA:

a) Za sirup: olupite 2 do 3 trakove limonine lupine in jih položite v srednje veliko ponev. Iztisnite limonin sok in ga prelijte v isto ponev. Dodajte sladkor in 1 skodelico vode ter premešajte.

b) Na zmernem ognju med občasnim mešanjem naj rahlo vre. Ko mešanica začne vreti, prenehajte z mešanjem in pustite, da mešanica vre nekaj minut. Sirup odstavimo z ognja, dodamo med in premešamo. Pustite, da se malo ohladi in nato zavrzite limonino lupino. Med pripravo torte odstavite, da se popolnoma ohladi.

c) Pečico segrejte na 350 stopinj F. Pekač velikosti 11x17 palcev namažite z nekaj nesoljenega masla. V veliki skledi zmešajte zdrob, moko, sladkor in pecilni prašek. Dodajte maslo, dobro premešajte in nato vmešajte jogurt. Zmes razporedite po pripravljeni pekaču.

d) Z mokrimi rokami enakomerno pritisnite in se prepričajte, da je površina gladka in ravna. Na vrh položite mandlje približno 2 cm drug od drugega, tako da naredite 6 vrst po 4 enakomerno razporejene mandlje. Pečemo 30 do 40 minut ali dokler ne postanejo zlate barve.

e) Odstranite torto iz pečice in torto razrežite približno do polovice debeline na 2 x 2-palčne kvadrate ali diamante [z mandljem na sredini vsakega], pri čemer pazite, da ne zarežete povsem do dna pekača [to bi povzročilo, da se sirup takoj potopi na dno, ko ga zlijete na vrh].

f) Vročo torto enakomerno prelijte s sirupom in pustite torto stati nekaj časa, dokler se ne ohladi in se sirup vpije.

76. Marelični puding [Mahallibayat Amr al Din]

SESTAVINE:
- 1 funt suhih marelic, narezanih na majhne koščke
- 1 skodelica sladkorja
- 4 žlice krompirjevega škroba, raztopljenega v ¼ skodelice hladne vode
- Pest blanširanih mandljev ali drugih oreščkov za okras
- Pest rozin, za okras

NAVODILA:
a) Koščke marelic položite v veliko skledo in jih prelijte s 4 skodelicami vrele vode. Pustite stati na sobni temperaturi čez noč oziroma dokler koščki marelice ne vpijejo večine vode.
b) Marelicam dodamo sladkor in premešamo. Zmes pretlačite v mešalniku.
c) V srednje veliko ponev vlijemo marelično kašo. Dodajte mešanico krompirjevega škroba in dobro premešajte z leseno žlico, da se združi. Ogenj povečajte na najvišjo in zmes med nenehnim mešanjem kuhajte 2 minuti.
d) Zmanjšajte ogenj na srednje nizko in nadaljujte s kuhanjem pudinga, počasi mešajte, dokler se ne zgosti in odmakne od sten ponve.
e) Puding vlijemo v posamezne rampeke ali veliko okrasno skledo. Po vrhu v vzorcu potresemo rozine in orehe, tako da na vrh položimo modelčke za piškote in notranjost oblik napolnimo z orehi ali rozinami.
f) Odstranite modelčke za piškote in puding ohladite približno 2 uri ali dokler se ne strdi. Postrežemo hladno.

77.Roz Bel Laban [rižev puding]

SESTAVINE:
- 1/2 skodelice kratkozrnatega riža
- 4 skodelice polnomastnega mleka
- 1/2 skodelice sladkorja
- 1 čajna žlička vanilijevega ekstrakta
- Mleti cimet za okras

NAVODILA:
a) Riž oplaknite in v loncu zmešajte z mlekom. Kuhajte na majhnem ognju, dokler se riž ne zmehča.
b) Dodajte sladkor in vanilijo ter mešajte, dokler se zmes ne zgosti.
c) Prelijemo v servirne sklede, ohladimo in pred serviranjem okrasimo z mletim cimetom.

ZAČIMBE

78. Meshaltet [prečiščeno maslo in namaz iz medu]

SESTAVINE:
- 1 skodelica prečiščenega masla [ghee]
- 1/2 skodelice medu
- Kruh za serviranje

NAVODILA:
a) V ponvi na majhnem ognju stopite prečiščeno maslo.
b) Mešajte med, dokler se dobro ne združi.
c) Mešanico postrezite na toplem kruhu.

79. Duka (mešanica egiptovskih oreščkov in začimb)

SESTAVINE:
- 1/2 skodelice lešnikov
- 1/4 skodelice sezamovih semen
- 2 žlici koriandrovih semen
- 2 žlici kuminovih semen
- 1 čajna žlička črnega popra v zrnu
- Sol po okusu

NAVODILA:
a) Lešnike, sezamova semena, koriandrova semena, semena kumine in zrna črnega popra v ponvi prepražimo, dokler ne zadišijo.
b) Prepečene sestavine zmeljemo v grobo zmes.
c) Solimo po okusu. Uporabite kot pomako s kruhom, potresite po solatah ali kot oblogo za meso.

80. Tahini omaka [omaka iz paste iz sezamovih semen]

SESTAVINE:
- 1/2 skodelice tahinija [pasta iz sezamovih semen]
- 2 stroka česna, nasekljana
- 1/4 skodelice limoninega soka
- Sol po okusu
- Voda [po potrebi za želeno konsistenco]

NAVODILA:
a) V skledi zmešajte tahini, sesekljan česen in limonin sok.
b) Dodajte sol po okusu in uravnajte konsistenco z vodo.
c) Postrezite kot pomak, solatni preliv ali pokapljajte čez meso na žaru.

81. Shatta [egipčanska vroča omaka]

SESTAVINE:
- 6-8 rdečih čili paprik brez semen
- 3 stroki česna
- 1 čajna žlička mlete kumine
- Sol po okusu
- Oljčno olje [neobvezno]

NAVODILA:
a) Zmešajte rdeče paprike, česen, kumino in sol do gladkega.
b) Po želji posolite in pokapajte z olivnim oljem. Uporablja se kot začimba za različne jedi.

82. Bessara [Fava Bean Dip]

SESTAVINE:
- 2 skodelici kuhanega fava fižola
- 3 stroki česna, sesekljani
- 1/4 skodelice olivnega olja
- Limonin sok po okusu
- Sol in kumina po okusu

NAVODILA:
a) Zmešajte fava fižol, sesekljan česen, olivno olje, limonin sok, sol in kumino do gladkega.
b) Prilagodite začimbe in postrezite kot pomak ali namaz za kruh.

83.Česnova omaka [Toum]

SESTAVINE:
- 1 skodelica olupljenih strokov česna
- 2 skodelici rastlinskega olja
- 1 žlica limoninega soka
- Sol po okusu

NAVODILA:
a) V kuhinjskem robotu zmešajte česen in ščepec soli, dokler ni drobno mlet.
b) Ko procesor deluje, počasi kapljajte rastlinsko olje, dokler mešanica ne postane gosta kremasta omaka.
c) Dodamo limonin sok in sol po okusu. Uporabite kot pomak ali namaz.

84. Amba [omaka iz vloženega manga]

SESTAVINE:
- 1 skodelica zelenega manga, narezanega na kocke
- 1/4 skodelice mlete triplatave
- 1 čajna žlička mlete kurkume
- 1 čajna žlička mlete kumine
- 1 čajna žlička čilija v prahu
- Sol po okusu

NAVODILA:
a) Zmešajte na kocke narezan mango, triplat, kurkumo, kumino, čili v prahu in sol.
b) Dobro premešamo in pustimo stati en dan, da se okusi prepojijo. Postrezite kot pikantno prilogo.

85. Sumac začimbna mešanica

SESTAVINE:
- 2 žlici mletega ruja
- 1 žlica mlete kumine
- 1 žlica mletega koriandra
- 1 čajna žlička soli

NAVODILA:
a) Zmešajte mleti ruj, kumino, koriander in sol.
b) To začimbno mešanico uporabite za posip po solatah, mesu na žaru ali kot začimbo k različnim jedem.

86.Molokhia omaka

SESTAVINE:
- 2 skodelici svežih listov molokhije
- 2 stroka česna, nasekljana
- 1 žlica olivnega olja
- Limonin sok po okusu
- Sol in poper po okusu

NAVODILA:
a) Liste molokhije kuhajte, dokler se ne zmehčajo, nato zmešajte, dokler ni gladka.
b) V ponvi na oljčnem olju prepražimo sesekljan česen, nato dodamo molokhia pire.
c) Začinite z limoninim sokom, soljo in poprom.
d) Postrežemo kot omako k rižu ali kruhu.

87. Mešanica začimb Za'atar

SESTAVINE:
- 2 žlici posušenega timijana
- 2 žlici mletega ruja
- 2 žlici sezamovih semen
- 1 žlica posušenega majarona
- 1 čajna žlička soli

NAVODILA:
a) Zmešajte posušen timijan, mleti ruj, sezamova semena, posušen majaron in sol.
b) To aromatično mešanico lahko uporabite kot začimbo za kruh, solate ali kot pomako z oljčnim oljem.

88. Besara [omaka iz zelišč in fižola]

SESTAVINE:
- 2 skodelici kuhanega fava fižola
- 1 skodelica svežega koriandra, sesekljanega
- 1 skodelica svežega peteršilja, sesekljanega
- 3 stroki česna, sesekljani
- 1/4 skodelice olivnega olja
- Sol in kumina po okusu

NAVODILA:
a) Zmešajte fava fižol, koriander, peteršilj, česen in oljčno olje do gladkega.
b) Začinimo s soljo in kumino.
c) Postrezite kot pomako ali namaz za kruh.

89. Tarator [omaka s sezamom in česnom]

SESTAVINE:
- 1/2 skodelice tahinija [pasta iz sezamovih semen]
- 2 stroka česna, nasekljana
- 1/4 skodelice limoninega soka
- 2 žlici vode
- Sol po okusu

NAVODILA:
a) Zmešajte tahini, sesekljan česen, limonin sok in vodo do gladkega.
b) Solimo po okusu. Uporabite kot omako za falafel, meso na žaru ali kot solatni preliv.

90.Sezamova melasa [dibs in tahini]

SESTAVINE:
- 1/2 skodelice tahinija [pasta iz sezamovih semen]
- 1/4 skodelice melase iz granatnega jabolka
- 1 žlica medu [neobvezno]

NAVODILA:
a) Zmešajte tahini, melaso granatnega jabolka in med [če uporabljate], dokler se dobro ne združita.
b) Uporabite kot sladek in oster pomak ali posip za sladice, sadje ali kruh.

PIJAČE

91. Črni čaj z meto [Shai bil Na'na]

SESTAVINE:
- 4 čajne žličke visokokakovostnega črnega čaja v lističih
- 4 skodelice vrele vode
- Sladkor, po želji
- 4 vejice mete

NAVODILA:
a) V čajniku položite čajne liste v vrelo vodo. Pokrijte in namočite 10 minut za močan čaj ali 5 minut za navaden čaj.
b) Po želji vmešajte sladkor.
c) V kozarce položite metine vejice. Čaj precedimo in v kozarcih prelijemo meto.

92.Tamarind sok [Assir Tamr Hindi]

SESTAVINE:
- 2 skodelici tamarindovega sirupa
- 4 skodelice hladne vode

NAVODILA:
a) V vrč nalijte tamarindov sirup in vodo.
b) Dobro premešajte, da se poveže in ohladite do serviranja.

93.Čaj iz kumine [Carawaya]

SESTAVINE:
- 4 žličke pražene kumine
- Sladkor po okusu

NAVODILA:
a) V srednji ponvi na močnem ognju zavrite 4 skodelice vode in semena kumine.
b) Vreti 2 minuti in nato precediti v 4 čajne skodelice.
c) Po želji sladkamo s sladkorjem.

94. Beduinski čaj [Shai Bedawi]

SESTAVINE:
- 4 čajne žličke beduinskega čaja [ali posušenega timijana ali posušenega žajblja]
- 4 čajne žličke posušenih organskih rožnih popkov
- 1 cimetova palčka
- 4 čajne žličke tekočega črnega čaja (navadnega ali brez kofeina)
- Sladkor, po želji

NAVODILA:
a) V čajniku ali ponvi na močnem ognju segrejte 4½ skodelice vode, beduinskega čaja, posušenih rožnih popkov, cimetove palčke in črnega čaja v prahu.
b) Ko voda zavre, zmanjšajte ogenj na nizko in kuhajte 5 minut.
c) Ugasnite ogenj in čaj pokrito namočite 5 minut. Precedite v čajne skodelice in po želji sladkajte s sladkorjem.

95. Egiptovska limonada [Assir Limoon]

SESTAVINE:
- 2 zreli limoni, narezani na četrtine
- 5 žlic sladkorja
- 5 žlic medu
- 1 čajna žlička vode pomarančnih cvetov
- 6 vejic mete, za okras

NAVODILA:
a) V lonec dajte limone in 6 skodelic vode; pokrijte in zavrite.
b) Ogenj zmanjšamo in pustimo vreti 20 minut. Precedite tekočino v vrč in z vilicami pretlačite sok limon skozi cedilo.
c) Dodajte sladkor, med in vodo pomarančnih cvetov. Premešajte, da se dobro premeša in nato pustite, da se ohladi. Limonado ohladite, dokler se ne ohladi.
d) Preden postrežemo, damo limonado v mešalnik in penasto stepemo.
e) Postrežemo v ohlajenih kozarcih, okrašenih z metinimi vejicami.

96. Guava in kokosov koktajl [koktajl bil Gooafa, Manga, wa Jowz al Hind]

SESTAVINE:
- 1 skodelica hladnega mangovega nektarja
- 1 skodelica hladnega sladkanega kokosovega mleka, dobro premešanega
- 1 skodelica hladnega roza nektarja guave

NAVODILA:
a) Štiri prozorne kozarce postavite v hladilnik in ohladite 15 minut.
b) V vsak kozarec nalijte ¼ skodelice mangovega nektarja.
c) Držite žlico obrnjeno navzdol na vrh mangovega nektarja in v vsak kozarec nalijte ¼ skodelice sladkanega kokosovega mleka.
d) Držite žlico obrnjeno navzdol po vrhu kokosovega mleka in v vsak kozarec nalijte ¼ skodelice nektarja rožnate guave na kokosovo mleko.
e) Postrezite takoj.

97. Domači marelični sok [Assir Amr Din]

SESTAVINE:
- 1 funt suhih marelic, narezanih na majhne koščke
- 1 skodelica sladkorja

NAVODILA:
a) Marelice dajte v veliko, toplotno odporno skledo in jih prelijte s 6 skodelicami vrele vode.
b) Pustite namakati, dokler se koščki marelic ne raztopijo [to lahko traja od nekaj ur do noči, odvisno od marelic].
c) V marelice vmešajte sladkor, dokler se ne raztopi. Zmes pretlačite v mešalniku.
d) Ohladite, dokler se ne ohladi.

98.Vroči cimetov napitek [Irfa]

SESTAVINE:
- 4 cimetove palčke
- 4 žličke sladkorja ali po okusu
- 4 čajne žličke mešanih nesoljenih oreščkov, sesekljanih

NAVODILA:
a) V srednji ponvi zmešajte cimetove palčke s 4 skodelicami vode in jih zavrite.
b) Kuhamo toliko časa, da se cimetove palčke odprejo in spustijo aromo, približno 10 minut.
c) Cimetove palčke odstranite iz tekočine z žlico z režami in jih zavržite.
d) Dodamo sladkor in dobro premešamo. Tekočino nalijte v čajne skodelice in na vsako porcijo dodajte čajno žličko mešanih oreščkov.

99.Napitek iz sladkega korena [Irsus]

SESTAVINE:
- 3 žlice mlete korenine sladkega korena
- ⅛ skodelice medu ali sladkorja po okusu

NAVODILA:
a) Zmleto korenino sladkega korena dajte v cedilo za čajne kroglice, ki se uporablja za sipki čaj. Cedilo postavite v vrč in napolnite s ½ galone hladne vode. Pustite stati 1 uro in nato odstranite čajno kroglico.
b) Precedite tekočino skozi fino cedilo v drug vrč in po želji sladkajte z medom ali sladkorjem. Vrč pokrijte in močno pretresite ali zavrtite v mešalniku, da ustvarite penast vrh.
c) Postrezite ledeno hladno.

100. Hibiskus punč [karkade]

SESTAVINE:
- 1 skodelica posušenih listov hibiskusa
- ½ skodelice sladkorja ali po okusu
- 1 čajna žlička vode pomarančnih cvetov

NAVODILA:
a) Napolnite velik lonec z galono vode. Dodajte liste hibiskusa in na močnem ognju zavrite.
b) Pustite vreti 5 minut; odstranite z ognja.
c) Precedite sok skozi cedilo v vrč. Dodamo sladkor in vodo pomarančnih cvetov ter premešamo.
d) Zavrzite liste ali jih uporabite kot gnojilo na svojem vrtu. Punč postrezite topel, sobne temperature ali hladen.

ZAKLJUČEK

Ko zaključujemo naše kulinarično popotovanje skozi »Najboljšo egipčansko ulično hrano«, upamo, da ste izkusili bogastvo in raznolikost živahne egipčanske ulične hrane v udobju svoje kuhinje. Vsak recept na teh straneh je poklon okusom, aromam in kulturnim vplivom, zaradi katerih je egipčanska ulična hrana prava kulinarična poslastica.

Ne glede na to, ali ste uživali v krepkem okusu kosharija, sprejeli slano hrustljavo jed ta'ameya ali se prepustili sladkim notam basbuse, verjamemo, da je teh 100 receptov na vašo mizo prineslo okus živahnih egiptovskih ulic. Poleg sestavin in tehnik naj vas duh egipčanske ulične kuhinje navdihne, da svoje obroke prepojite s toplino, skupnostjo in veselim duhom, ki opredeljujejo to kulinarično tradicijo.

Ko nadaljujete z raziskovanjem obsežnega sveta egipčanskih okusov, naj bo "Najboljša egipčanska ulična hrana" vaš zaupanja vreden spremljevalec, ki vas vodi skozi tržnice, uličice in bogato tapiserijo okusov, zaradi katerih je egipčanska ulična hrana nepozabno doživetje. Tukaj je, da uživate v raznolikih in slastnih okusih Egipta – dober tek!

www.ingramcontent.com/pod-product-compliance
Lightning Source LLC
Chambersburg PA
CBHW071326110526
44591CB00010B/1037